LES COMPAGNONS
DE JEHU

PAR

ALEXANDRE DUMAS

2

PARIS
ALEXANDRE CADOT, ÉDITEUR
37, rue Serpente.

1857

LES COMPAGNONS DE JEHU

Ouvrages d'Alexandre Dumas.

Le Pasteur d'Ashbourn.	8 vol.
Mes Mémoires.	22 vol.
Olympe de Clèves	9 vol.
Conscience	5 vol.
Un Gilblas en Californie.	2 vol.
Les Drames de la Mer.	2 vol.
Histoire d'une colombe	2 vol.
Ange Pitou (suite au *Collier de la Reine*).	8 vol.
Pauline et Pascal Bruno.	2 vol.
Une vie artiste.	2 vol.
Le Trou de l'Enfer	4 vol.
Dieu dispose (suite au *Trou de l'Enfer*).	6 vol.
La Femme au collier de velours	2 vol.
La Régence	2 vol.
Louis XV.	5 vol.
Louis XVI.	5 vol.
Les Mariages du père Olifus.	5 vol.
Le Collier de la reine	11 vol.
Les mille et un fantômes	2 vol.
Le Véloce.	4 vol.
Mémoires d'un Médecin et Césarine	20 vol.
Les Quarante-Cinq	10 vol.
La comtesse de Salisbury	6 vol.
Tomes 3, 4, 5, complétant la première édition.	3 vol.
Les deux Diane	10 vol.
Le Bâtard de Mauléon	9 vol.
Le Chevalier de Maison-Rouge	6 vol.
Une Fille du Régent	4 vol.
La Comtesse de Charny.	19 vol.
Catherine Blum	2 vol.
Les Mohicans de Paris	19 vol.
Ingénue	7 vol.
Page (le) du duc de Savoie.	8 vol.
El Saltéador.	3 vol.
Vie et aventures de la princesse de Monaco.	6 vol.
Souvenirs de 1830 à 1842	8 vol.
Grands Hommes (les) en robe de chambre	
1° RICHELIEU.	5 vol.
2° HENRI IV.	2 vol.
3° CÉSAR.	7 vol.
Salvator le Commissionnaire	6 vol.
Journal de madame Giovanni	4 vol.
Madame du Deffand.	2 vol.
La Mecque et Médine	6 vol.
Le Lièvre de mon grand-père..	1 vol.
Meneur (le) de loups.	3 vol.
Compagnons (les) de Jehu	4 vol.

Fontainebleau, Imp. de E. Jacquin.

LES COMPAGNONS
DE JEHU

PAR

ALEXANDRE DUMAS

2

PARIS
ALEXANDRE CADOT, ÉDITEUR
37, rue Serpente.

1858

DEUXIÈME PARTIE

I

Morgan.

Il faut que nos lecteurs nous permettent d'abandonner un instant Roland et sir John qui, grâce à la disposition physique et morale dans laquelle nous les avons laissés, ne doivent leur inspirer aucune nquiétude, et de nous occuper sérieusement d'un personnage qui n'a fait qu'apparaître dans cette histoire et qui cependant doit y jouer un grand rôle.

Nous voulons parler de l'homme qui était entré masqué et armé dans la salle de la table d'hôte d'Avignon, pour rapporter à Jean Picot le groupe de deux cents louis, qui lui avait été volé par mégarde, confondu qu'il était avec l'argent du gouvernement.

Nous avons vu que l'audacieux bandit, qui s'était donné à lui-même le nom de Morgan, était arrivé à Avignon, masqué, à cheval et en plein jour. Il avait, pour entrer dans l'hôtel du Palais-Égalité, laissé son cheval à la porte, et, comme si son cheval eût joui dans la ville pontificale et royaliste de la même impunité que son maître, il l'avait retrouvé au tourne-bride, l'avait détaché, avait sauté dessus, était sorti par la porte d'Oulle, avait longé les murailles au grand galop et avait disparu sur la route de Lyon.

Seulement, à un quart de lieue d'Avignon, il avait ramené son manteau autour de lui pour dérober aux passants la vue de ses armes, et, ôtant son masque, il l'avait glissé dans une de ses fontes.

Ceux qu'il avait laissés à Avignon si fort intrigués de ce que pouvait être ce terrible Morgan, la terreur du Midi, eussent pu alors, s'ils se fussent trouvés sur la route d'Avignon à Bédarrides, s'assurer par leurs propres yeux si l'aspect du bandit était aussi terrible que l'était sa renommée.

Nous n'hésitons point à dire que les traits qui se fussent alors offerts à leurs regards se fussent trouvés si peu en harmonie avec l'idée que leur imagination prévenue s'en était faite, que leur étonnement eût été extrême.

En effet, le masque enlevé par une main d'une blancheur et d'une délicatesse parfaites venait de laisser à découvert le visage d'un jeune homme de vingt-quatre à vingt-cinq ans à peine, visage qui, par la régularité des traits et la douceur de la physionomie, eût pu le disputer à un visage de femme.

Un seul détail donnait à cette physionomie ou plutôt devait lui donner, dans certains moments, un caractère de fermeté étrange ; c'étaient sous de beaux cheveux blonds, flottant sur le front et sur les tempes, comme on les portait à cette époque, des sourcils, des yeux et des cils d'un noir d'ébène.

Le reste du visage, nous l'avons dit, était presque féminin.

Il se composait de deux petites oreilles dont on n'apercevait que l'extrémité sous cette touffe de cheveux temporale à laquelle les incroyables de l'époque avaient donné le nom d'oreilles de chien ; d'un nez droit et d'une proportion parfaite, d'une bouche un peu grande, mais rosée et toujours souriante, et qui en souriant laissait voir une double rangée de dents admirables, d'un menton fin et délicat, légèrement teinté de bleu et indiquant, par cette nuance, que si sa barbe n'eût point été si soigneusement et si récemment faite, elle eût, protestant contre la couleur dorée de la chevelure, été du même ton que les sourcils, les cils et les yeux.

Quant à la taille de l'inconnu, on avait pu l'apprécier au moment où il était entré dans la salle de la table d'hôte : elle était élevée, bien prise, flexible, et dénotait, sinon une grande force musculaire, du moins une grande souplesse et une grande agilité.

Quant à la façon dont il était à cheval, elle indiquait l'assurance d'un écuyer consommé.

Son manteau rejeté sur son épaule, son masque caché dans ses fontes, son chapeau enfoncé sur les yeux, le cavalier reprit l'allure rapide un instant abandonnée par lui, traversa Bédarrides au galop, et, arrivé aux premières maisons d'Orange, entra sous une grande porte qui se referma immédiatement derrière lui.

— Un domestique attendait et sauta au mors du cheval.

Le cavalier mit rapidement pied à terre.

— Ton maître est-il ici? demanda-t-il au domestique.

— Non, monsieur le baron, répondit celui-ci ; cette nuit il a été forcé de partir et il a dit que, si monsieur venait et le demandait, on répondît à monsieur qu'il voyageait pour les affaires de la compagnie.

— Bien, Baptiste, je lui ramène son cheval en bon état, quoiqu'un peu fatigué; il faudrait le laver avec du vin, en même temps que tu lui donnerais, pendant deux ou trois jours, de l'orge au lieu d'avoine : il a fait quelque chose comme quarante lieues depuis hier matin.

— Monsieur le baron en a été content?

— Très content; la voiture est-elle prête ?

— Oui, monsieur le baron, tout attelée sous la remise, le postillon boit avec Julien : monsieur avait recommandé qu'on l'occupât hors de la maison pour qu'il ne le vît pas venir.

— Il croit que c'est ton maître qu'il conduit?

—Oui, monsieur le baron, voici le passeport de mon maître avec lequel on a été prendre les chevaux à la poste, et comme mon maître est allé du côté de Bordeaux avec le passe-port de monsieur le baron, e que monsieur le baron va du côté de Genève avec le passe-port de mon maître, il est probable que l'écheveau de fil sera assez embrouillé pour que dame police, si subtils que soient ses doigts, ne le dévide pas facilement.

— Détache la valise qui est à la croupe du cheval, Baptiste, et donne-la moi ?

Baptiste se mit en devoir d'obéir, seulement la valise faillit lui échapper des mains.

— Ah ! dit-il en riant, monsieur le baron ne m'avait pas prévenu ! Diable, monsieur le baron n'a pas perdu son temps, à ce qu'il paraît.

— C'est ce qui te trompe, Baptiste : si je n'ai pas perdu tout mon temps, j'en ai au moins perdu beaucoup ; aussi je voudrais bien repartir le plus tôt possible.

— Monsieur le baron ne déjeûnera-t-il pas ?

— Je mangerai un morceau, mais très rapidement.

— Monsieur ne sera pas retardé ; il est deux heures de l'après-midi, et le déjeûner l'attend depuis dix heures du matin ; heureusement que c'est un déjeûner froid.

Et Baptiste se mit en devoir de faire, en l'absence de son maître, les honneurs de la maison à l'étranger, en lui montrant la route de la salle à manger.

— Inutile, dit celui-ci, je connais le chemin ; occupe-toi de la voiture, qu'elle soit sous l'allée, la portière tout ouverte au moment où je sortirai, afin que le postillon ne puisse me voir. Voilà de quoi lui payer sa première poste.

Et l'étranger, désigné sous le titre de baron, remit à Baptiste une poignée d'assignats.

— Ah ! monsieur, dit celui-ci, mais il y a là de quoi payer le voyage jusqu'à Lyon !

— Contente-toi de le payer jusqu'à Valence, sous prétexte que je veux dormir; le reste sera pour la peine que tu vas prendre à faire les comptes.

— Dois-je mettre la valise dans le coffre ?

— Je l'y mettrai moi-même.

Et prenant la valise des mains du domestique, sans laisser voir qu'elle pesât à sa main, il s'achemina vers la salle à manger, tandis que Baptiste s'acheminait vers le cabaret voisin, en mettant de l'ordre dans ses assignats.

Comme l'avait dit l'étranger, le chemin lui était familier, car il s'enfonça dans un corridor, ouvrit sans hésiter une première porte, puis une seconde, et, cette seconde porte ouverte, se trouva en face d'une table élégamment servie.

Une volaille, deux perdreaux, un jambon froid, des fromages de plusieurs espèces, un dessert composé de fruits magnifiques et deux carafes contenant, l'une du vin couleur de rubis, et l'autre du vin couleur de topaze, constituaient un déjeûner qui, quoique évidemment servi pour une seule personne, puisqu'un seul couvert était mis, pouvait, en cas de besoin, suffire à trois ou quatre convives.

Le premier soin du jeune homme en entrant dans la salle à manger, fut d'aller droit à une glace, d'ôter son chapeau, de rajuster ses cheveux avec un petit peigne qu'il tira de sa poche; après quoi il s'avança vers un bassin de faïence surmonté de sa fontaine, prit une serviette qui paraissait préparée à cet effet, et se lava le visage et les mains.

Ce ne fut qu'après ces soins, qui indiquaient l'homme élégant par habitude, ce ne fut, disions-nous, qu'après ces soins minutieusement accomplis, que l'étranger se mit à table.

Quelques minutes lui suffirent pour satisfaire un appétit auquel la fatigue et la jeunesse avaient cependant donné de majestueuses proportions, et quand Baptiste reparut pour annoncer au convive solitaire que la voiture était prête, il le vit aussitôt debout que prévenu.

L'étranger enfonça son chapeau sur ses yeux, s'enveloppa de son manteau, mit sa valise sous son bras, et comme Baptiste avait eu le soin de faire approcher le marchepied aussi près que possible de la porte, il s'élança dans la chaise de poste sans avoir été vu du postillon.

Baptiste referma la portière sur lui ; puis, s'adressant à l'homme aux grosses bottes :

— Tout est payé jusqu'à Valence, n'est-ce pas, poste et guides ? demanda-t-il.

— Tout ; vous faut-il un reçu ? répondit en goguenardant le postillon.

— Non, mais M. le marquis de Ribier, mon maître, désire ne pas être dérangé jusqu'à Valence.

— C'est bien, répondit le postillon avec le même accent gouailleur, on ne dérangera pas le citoyen marquis. Allons, haup !

Et il enleva ses chevaux en faisant résonner son fouet avec cette bruyante éloquence qui dit à la fois aux voisins et aux passants :

— Gare ici, gare là-bas, ou sinon tant pis pour vous, je mène un homme qui paye bien et qui a le droit d'écraser les autres.

Une fois dans la voiture, le faux marquis de Ribier ouvrit les glaces, baissa les stores, leva la banquette, mit sa valise dans le coffre, s'assit dessus, s'enveloppa dans son manteau, et, sûr de n'être réveillé qu'à Valence, s'endormit comme il avait déjeûné, c'est-à-dire avec tout l'appétit de la jeunesse.

On fit le trajet d'Orange à Valence en huit heures ; un peu avant d'entrer dans la ville, notre voyageur se réveilla.

Il souleva un store avec précaution et reconnut qu'il traversait le petit bourg de la Paillasse ; il faisait nuit, il fit sonner sa montre, elle sonna onze heures du soir.

Il jugea inutile de se rendormir, fit le compte des postes jusqu'à Lyon et prépara son argent.

Au moment où le postillon de Valence s'approchait de son camarade qu'il allait remplacer, il entendit celui-ci qui disait à l'autre :

— Il paraît que c'est un ci-devant, mais depuis Orange il est recommandé, et vu qu'il paye à vingt sous de guide, faut le mener comme un patriote.

—C'est bon, répondit le Valentinois, on le mènera en conséquence.

Le voyageur crut que c'était le moment d'intervenir, il souleva son store.

— Et tu ne feras que me rendre justice, dit-il ; un patriote, corbleu ! je me vante d'en être un, et du premier calibre encore, et la preuve, tiens, voilà pour boire à la santé de la République !

Et il donna un assignat de cent francs au postillon qui l'avait recommandé à son camarade.

Et comme l'autre regardait d'un œil avide le chiffon de papier :

— Et voilà le pareil pour toi, dit-il, si tu veux faire aux autres la pareille recommandation que tu viens de recevoir.

— Oh ! soyez tranquille, citoyen, dit le postillon, il n'y aura qu'un mot d'ordre d'ici à Lyon : ventre à terre !

— Et voici d'avance le prix des seize postes, y compris la double poste d'entrée; je paye vingt sous de guides, arrangez cela entre vous.

Le postillon enfourcha son cheval et partit au galop.

La voiture relayait à Lyon vers les quatre heures de l'après-midi.

Pendant que la voiture relayait, un homme habillé en commissionnaire, et qui, son crochet sur le dos, se tenait assis sur une borne, se leva, s'approcha de la voiture et dit tout bas au jeune compagnon de Jehu quelques paroles qui parurent le jeter dans le plus profond étonnement.

— En es-tu bien sûr? demanda-t-il au commissionnaire.

— Quand je te dis que je l'ai vu, de mes yeux vu! répondit celui-ci.

— Je puis donc annoncer à nos amis la nouvelle comme certaine?

— Tu le peux, seulement hâte-toi.

— Est-on prévenu à Servas?

— Oui, tu trouveras un cheval prêt entre Servas et Sue.

Le postillon s'approcha; le jeune homme échangea un dernier regard avec le commissionnaire, qui s'éloigna comme s'il était chargé d'une lettre très pressée.

— Quelle route, citoyen? demanda le postillon.

— La route de Bourg ; il faut que je sois à Servas à neuf heures du soir, je paye trente sous de guides.

— Quatorze lieues en cinq heures, c'est dur, mais enfin cela peut se faire.

— Cela se fera-t-il ?

— On tâchera.

Et le postillon enleva ses chevaux au grand galop.

A neuf heures sonnant on entrait dans Servas.

— Un écu de six livres pour ne pas relayer et me conduire à moitié chemin de Sue, cria par la portière le jeune homme au postillon.

— Ça va, répondit celui-ci, et la voiture passa sans s'arrêter devant la poste.

A un demi quart de lieue de Servas, Morgan fit arrêter la voiture, passa sa tête par la portière, rapprocha ses mains et imita le cri du chat-huant.

L'imitation était si fidèle que des bois voisins un chat-huant lui répondit.

— C'est ici, cria Morgan.

Le postillon arrêta ses chevaux.

— Si c'est ici, dit-il, inutile d'aller plus loin.

Le jeune homme prit la valise, ouvrit la portière, descendit, et, s'approchant du postillon :

— Voici l'écu de six livres promis.

Le postillon prit l'écu, le mit dans l'orbite de son œil, et l'y maintint comme un élégant de nos jours y maintient son lorgnon.

Morgan devina que cette pantomime avait une signification.

— Eh bien ! demanda-t-il, que veut dire cela ?

— Cela veut dire, fit le postillon, que j'ai beau faire, j'y vois d'un œil.

— Je comprends, reprit le jeune homme en riant ; et si j'y bouche l'autre œil ?

— Dame ! je n'y verrai plus.

— En voilà un drôle, qui aime mieux être aveugle que borgne ! Enfin, il ne faut pas disputer des goûts ; tiens !

Et il lui donna un second écu.

Le postillon le mit sur son autre œil, fit tourner la voiture, et reprit le chemin de Servas.

Le compagnon de Jehu attendit qu'il se fût perdu dans l'obscurité, et, approchant de sa bouche une clé forée, il en tira un son prolongé et tremblotant, comme celui d'un sifflet de contre-maître.

Un son pareil lui répondit.

Et en même temps on vit un cavalier sortir du bois et s'approcher au galop.

A la vue de ce cavalier, Morgan se couvrit de nouveau le visage de son masque.

L'homme vint droit à lui.

— Au nom de qui venez-vous? demanda le cavalier, dont on ne pouvait voir la figure, cachée qu'elle était sous les bords d'un énorme chapeau.

— Au nom du prophète Élisée, répondit le jeune homme masqué.

— Alors c'est vous que j'attends.

Et il descendit de cheval.

— Es-tu prophète ou disciple? demanda Morgan.

— Je suis disciple, répondit le nouveau venu.

— Et ton maître, où est-il?

— Vous le trouverez à la Chartreuse de Seillon.

— Sais-tu le nombre des compagnons qui y sont réunis ce soir ?

— Dix.

— C'est bien ; si tu en rencontres quelque autre, envoie-les au rendez-vous.

Celui qui s'était donné le titre de disciple s'inclina en signe d'obéissance, aida Morgan à attacher la valise sur la croupe de son cheval, et le tint respectueusement par le mors, tandis que celui-ci montait.

Sans même attendre que son second pied eût atteint l'étrier, Morgan piqua son cheval, qui arracha le mors des mains du domestique et partit au galop.

On voyait à la droite de la route s'étendre la forêt de Seillon, comme une mer de ténèbres dont le vent de la nuit faisait onduler et gémir les vagues sombres.

A un quart de lieue au-delà de Sue, le cavalier poussa son cheval à travers terre et alla au-devant de la forêt, qui, de son côté, semblait venir au-devant de lui.

Le cheval, guidé par une main expérimentée, s'y enfonça sans hésitation.

Au bout de dix minutes, il reparut de l'autre côté.

A cent pas de la forêt s'élevait une masse sombre, isolée au milieu de la plaine.

C'était un bâtiment d'une architecture massive, ombragée par cinq ou six arbres séculaires.

Le cavalier s'arrêta devant une grande porte au-dessus de laquelle étaient placées, en triangle, trois statues :

Celle de la Vierge, celle de notre Seigneur Jésus, et celle de saint Jean-Baptiste.

La statue de la Vierge marquait le point le plus élevé du triangle.

Le voyageur mystérieux était arrivé au but de son voyage, c'est-à-dire à la Chartreuse de Seillon.

II

La Chartreuse de Seillon.

La Chartreuse de Seillon, la vingt-deuxième de l'ordre, avait été fondée en 1178.

En 1672, un bâtiment moderne avait été substitué au vieux monastère; c'est de cette dernière construction que l'on voit encore aujourd'hui les vestiges.

Ces vestiges sont, à l'extérieur : la façade que nous avons dite, façade ornée de trois autels, et devant laquelle nous avons vu s'arrêter le cavalier mystérieux.

A l'intérieur, une petite chapelle, ayant son entrée à droite sous la grande porte.

Un paysan, sa femme, deux enfants l'habitent à cette heure, et de l'ancien monastère ils ont fait une ferme.

En 1791, les chartreux avaient été expulsés de leur couvent ; en 1792, la Chartreuse et ses dépendances avaient été mises en vente comme propriété ecclésiastique.

Les dépendances étaient d'abord le parc, attenant aux bâtiments, et ensuite la belle forêt qui porte encore aujourd'hui le nom de Seillon.

Mais à Bourg, ville royaliste et surtout religieuse, personne ne risqua de compromettre son âme en achetant un bien qui avait appartenu à de dignes moines que chacun vénérait. Il en résultait que le couvent, le parc et la forêt étaient devenus, sous le titre de *biens de l'État,* la propriété de la République, c'est-à-dire n'appartenaient à personne.

Et la chose est facile à comprendre : la

République, avec son 21 janvier, son 31 mai, son 30 octobre, son 9 thermidor, son 1ᵉʳ prairial et son 18 fructidor, avait bien autre chose à faire que de faire recrépir des murs, entretenir un verger, et mettre en coupe réglée une forêt.

Il en résultait que depuis sept ans la Chartreuse était complètement abandonnée, et que, quand par hasard un regard curieux pénétrait par le trou de la serrure, on voyait l'herbe pousser dans les cours, comme les ronces dans le verger, comme les broussailles dans la forêt, laquelle, percée à cette époque d'une route et de deux à trois sentiers seulement, était partout ailleurs, en apparence du moins, devenue impraticable.

Une espèce de pavillon, nommé la Corrérie, dépendant de la Chartreuse et distant du monastère d'un demi-quart de lieue, verdissait de son côté dans la forêt qui, profitant de la liberté qui lui était laissée de pousser à sa fantaisie, l'avait enveloppé de tout côté d'une ceinture de feuillages, et avait fini par le dérober à la vue.

Au reste, les bruits les plus étranges couraient sur ces deux bâtiments ; on les disait hantés par des hôtes invisibles le jour, effrayants la nuit ; des bûcherons ou des paysans attardés, qui parfois allaient encore exercer dans la forêt de la République les droits d'usage dont la ville de Bourg jouissait du temps des chartreux, prétendaient, à travers les fentes des volets fermés, avoir vu courir des flammes dans les corridors et dans les escaliers, et avoir distinctement entendu des bruits de chaînes traînant sur les dalles des cloîtres, et les pavés des cours. Les esprits forts niaient la chose; mais, en opposition avec les incrédules, deux sortes de gens l'affirmaient et donnaient, selon leurs opinions et leurs croyances, à ces bruits effrayants et à ces lueurs nocturnes, deux causes différentes : les patriotes prétendaient que c'étaient les âmes des pauvres moines que la tyrannie des cloîtres avait ensevelis vivants dans les *in pace*, qui revenaient en appelant la vengeance du ciel sur leurs persécuteurs, et qui traînaient après leur mort les fers qui les avaient enchaînés pendant leur vie ; les royalistes disaient que c'était le diable en personne qui, trouvant un couvent vide et n'ayant plus à craindre le goupillon des dignes supérieurs, venait tranquillement prendre ses ébats là où autrefois il n'eût point osé hasarder le bout de sa griffe ; mais il y avait un fait qui laissait toute chose en suspens : c'est que pas un seul de ceux qui niaient ou qui affirmaient, soit qu'il eût pris parti pour les âmes des moines martyrs ou pour le sabbat tenu par Belzébuth, n'avait eu le courage de se hasarder dans les ténèbres et de venir, aux heures solennelles de la nuit, s'assurer de la vérité afin de pouvoir dire le lendemain si la Chartreuse était solitaire ou hantée, et si elle était hantée, quelle espèce d'hôtes y revenaient.

Mais sans doute tous ces bruits, fondés ou non, n'avaient aucune influence sur le cavalier mystérieux ; car, ainsi que nous l'avons dit, quoique neuf heures sonnassent à Bourg et que, par conséquent, il fît nuit close, il arrêta son cheval à la porte du monastère abandonné, et sans mettre pied à terre, tirant un pistolet de ses fontes, il frappa du pommeau contre la porte trois coups espacés, à la manière des francs-maçons.

Puis, il écouta.

Un instant il avait douté qu'il y eût réunion à la Chartreuse ; car, si fixement qu'il eût regardé, si attentivement qu'il eût prêté l'oreille, il n'avait vu aucune lumière, n'avait entendu aucun bruit.

Cependant, il lui sembla qu'un pas circonspect s'approchait intérieurement de la porte.

Il frappa une seconde fois avec la même arme et de la même façon.

— Qui frappe ? demanda une voix.

— Celui qui vient de la part d'Élisée, répondit le voyageur.

— Quel est le roi auquel les fils d'Isaac doivent obéir ?

— Jehu.

— Quelle est la maison qu'ils doivent exterminer?

— Celle d'Achab.

— Êtes-vous prophète ou disciple?

— Je suis prophète.

— Alors, soyez le bienvenu dans la maison du Seigneur, dit la voix.

Aussitôt les barres de fer qui assuraient la massive clôture basculèrent sur elles-mêmes, les verrous grincèrent dans les tenons, un des battants de la porte s'ouvrit silencieusement, et le cheval et le cavalier s'enfoncèrent sous la sombre voûte qui se referma derrière eux.

Celui qui avait ouvert cette porte, si lente à s'ouvrir, si prompte à se refermer, était vêtu de la longue robe blanche des chartreux dont le capuchon, retombant sur son visage, voilait entièrement ses traits.

Sans doute, de même que le premier affilié rencontré par celui qui venait de se donner le titre de prophète, sur la route de Sue, le moine qui avait ouvert la porte n'occupait qu'un rang secondaire dans la confrérie, car, saisissant la bride du cheval, il le maintint tandis que le cavalier mettait pied à terre, rendant ainsi au jeune homme le même service que lui eût rendu un palefrenier.

Morgan descendit, détacha la valise, tira les pistolets de leurs fontes, les passa à sa ceinture, près de ceux qui y étaient déjà, et s'adressant au moine du ton du commandement :

— Je croyais, dit-il, trouver les frères réunis en conseil.

— Ils sont réunis, en effet, répondit le moine.

— Où cela ?

— Dans la Correrie; on a vu depuis quelques jours rôder autour de la Chartreuse des figures suspectes, et des ordres supérieurs ont ordonné les plus grandes précautions.

Le jeune homme haussa les épaules en signe qu'il regardait ces précautions comme inutiles, et toujours du même ton du commandement :

— Faites mener ce cheval à l'écurie et conduisez-moi au conseil, dit-il.

Le moine appela un autre frère aux mains duquel il jeta la bride du cheval, prit une torche qu'il alluma à une lampe brûlant dans la petite chapelle que l'on peut aujourd'hui encore voir à droite sous la grande porte, et marcha devant le nouvel arrivé.

Il traversa le cloître, fit quelques pas dans le jardin, ouvrit une porte conduisant à une espèce de citerne, fit entrer Morgan, referma aussi soigneusement la porte de la citerne qu'il avait refermé celle de la rue, poussa du pied une pierre qui semblait se trouver là par accident, démasqua un anneau et souleva une dalle fermant l'entrée d'un souterrain dans lequel on descendait par plusieurs marches.

Ces marches conduisaient à un couloir arrondi en voûte, et pouvant donner passage à deux hommes s'avançant de front.

Ils marchèrent ainsi pendant cinq ou six minutes, après lesquelles ils se trouvèrent en face d'une grille. Le moine tira une clé de dessous sa robe et l'ouvrit. Puis, quand tous deux eurent franchi la grille et que la grille se fut refermée :

— Sous quel nom vous annoncerai-je ? demanda le moine

.— Sous le nom de frère Morgan.

— Attendez ici ; dans cinq minutes je serai de retour.

Le jeune homme fit de la tête un signe qui annonçait qu'il était familiarisé avec toutes ces défiances et toutes ces précautions.

Puis il s'assit sur une tombe. On était

dans les caveaux mortuaires du couvent, et il attendit.

En effet, cinq minutes ne s'étaient point écoulées que le moine reparut.

— Suivez-moi, dit-il ; les frères sont heureux de votre présence ; ils craignaient qu'il ne vous fût arrivé malheur.

Quelques secondes plus tard, frère Morgan était introduit dans la salle du conseil.

Douze moines l'attendaient, le capuchon rabattu sur les yeux ; mais dès que la porte se fut refermée derrière lui et que le frère servant eut disparu, en même temps que Morgan lui-même ôtait son masque tous les capuchons se rabattirent et chaque moine laissa voir son visage.

Jamais communauté n'avait brillé par une semblable réunion de beaux et joyeux jeunes gens; deux ou trois seulement parmi ces étranges moines avaient atteint l'âge de quarante ans.

Toutes les mains se tendirent vers Morgan ; deux ou trois accolades furent données au nouvel arrivant.

— Ah! par ma foi, dit l'un de ceux qui l'avaient embrassé le plus tendrement, tu nous tires une fameuse épine hors du pied ; nous te croyions mort ou tout au moins prisonnier.

— Mort, je te le passe, Amiet ; mais prisonnier, non citoyen, comme on dit encore quelquefois, mais comme on ne dira bientôt plus, j'espère. Il faut même dire que les choses se sont passées de part et d'autre avec une aménité touchante : dès qu'il nous a aperçus, le conducteur a crié au postillon d'arrêter, je crois même qu'il a ajouté : « Je sais ce que c'est. »

— Alors, lui ai-je dit, si vous savez ce que c'est, mon cher ami, les explications ne seront pas longues. — L'argent du gouvernement ? a-t-il demandé. — Justement, ai-je répondu. Puis comme il se faisait un grand remue-ménage dans la voiture : — Attendez, mon ami, ai-je ajouté, avant tout, descendez, et dites à ces messieurs et surtout à ces dames, que nous sommes des gens comme il faut, qu'on ne les touchera pas, ces dames, bien entendu, et que l'on ne regardera que celles qui passeront la tête par la portière. Une s'est hasardée, ma foi ; il est vrai qu'elle était charmante. Je lui ai envoyé un baiser ; elle a poussé un petit cri et s'est réfugiée dans la voiture, comme Galatée ; mais comme il n'y avait pas de saules, je ne l'y ai pas poursuivie. Pendant ce temps, le conducteur fouillait dans sa caisse en toute hâte, et il se hâtait si bien, qu'avec l'argent du gouvernement il m'a remis deux cents louis appartenant à un pauvre marchand de vin de Bordeaux.

— Ah! diable! fit celui des frères à qui le narrateur avait donné le nom d'Amiet, qui, probablement comme celui de Morgan, n'était qu'un nom de guerre, voilà qui est fâcheux. Tu sais que le Directoire, qui est plein d'imagination, organise des compagnies de chauffeurs qui opèrent en notre nom, et qui ont pour but de faire croire que nous en voulons aux pieds et aux bourses des particuliers, c'est-à-dire que nous sommes de simples voleurs.

— Attendez donc, reprit Morgan, voilà justement ce qui m'a retardé ; j'avais entendu dire quelque chose de pareil à Lyon, de sorte que j'étais déjà à moitié chemin de Valence quand je me suis aperçu de l'erreur par l'étiquette. Ce n'était pas bien difficile, il y avait sur le sac, comme si le bonhomme eût prévu le cas, *Jean Picot, marchand de vin à Fronsac, près Bordeaux.*

— Et tu lui as renvoyé son argent ?

— J'ai mieux fait, je le lui ai reporté.

— A Fronsac ?

— Oh ! non, mais à Avignon. Je me suis douté qu'un homme si soigneux devait s'être arrêté à la première ville un peu importante pour prendre des informations sur ses deux cents louis. Je ne me trompais pas; je m'informe à l'hôtel si l'on connaît le citoyen Jean Picot; on me répond que non-seulement on le connaît, mais qu'il dîne à table d'hôte. J'entre. Vous devinez de quoi l'on parlait, de l'arrestation de la diligence. Jugez de l'effet de l'apparition! le dieu antique descendant dans la machine ne faisait pas un dénoûment plus inattendu. Je demande lequel de tous les convives s'appelle Jean Picot; celui qui porte ce nom distingué et harmonieux se nomme. Je dépose devant lui les deux cents louis en lui faisant mes excuses, au nom de la société, de l'inquiétude que lui ont causée les Compagnons de Jehu. J'échange un signe d'amitié avec Barjols, un salut de politesse avec l'abbé de Rians, qui étaient là; je tire ma révérence à la compagnie et je sors. C'est peu de chose ; mais cela m'a pris une quinzaine d'heures, de là le retard ; mais j'ai pensé que mieux valait être en retard et ne pas laisser sur nos traces une fausse opinion de nous. Ai-je bien fait, mes maîtres ?

La société éclata en bravos.

— Seulement, dit un des assistants, je trouve assez imprudent, à vous, d'avoir tenu à remettre l'argent vous-même au citoyen Jean Picot.

— Mon cher colonel, répondit le jeune homme, il y a un proverbe d'origine italienne qui dit : « Qui veut va, qui ne veut pas envoie. » Je voulais, j'ai été.

— Et voilà un gaillard qui pour vous remercier, si vous avez un jour la mauvaise chance de tomber entre les mains du Directoire, se hâterait de vous reconnaître ; reconnaissance qui aurait pour résultat de vous faire couper le cou.

— Oh! je l'en défie bien de me reconnaître.

— Qui l'en empêcherait?

— Ah çà! mais vous croyez donc que je fais mes équipées à visage découvert; en vérité, mon cher colonel, vous me prenez pour un autre. Quitter mon masque, c'est bon entre amis ; mais avec les étrangers, allons donc. Ne sommes-nous pas en plein carnaval? Je ne vois pas pourquoi je ne me déguiserais pas en Abellino ou en Karl Moor, quand MM. Gohier, Sieyès, Roger Ducos, Moulin et Barras se déguisent en rois de France.

— Et vous êtes entré masqué dans la ville?

— Dans la ville, dans l'hôtel, dans la salle de la table d'hôte. Il est vrai que si le visage était couvert, la ceinture était découverte, et, comme vous voyez, elle était bien garnie.

Le jeune homme fit un mouvement qui écarta son manteau, et montra la ceinture à laquelle étaient passés quatre pistolets et suspendu un court couteau de chasse.

Puis avec cette gaîté qui semblait un des caractères dominants de cette insoucieuse organisation :

— Je devais avoir l'air féroce, n'est-ce pas ? Ils m'auront pris pour feu Mandrin descendant des montagnes de la Savoie. A propos, voilà les soixante mille francs de Son Altesse le Directoire.

Et le jeune homme poussa dédaigneusement du pied la valise qu'il avait déposée à terre et dont les entrailles froissées rendirent ce son métallique qui indique la présence de l'or.

Puis il alla se confondre dans le groupe de ses amis, dont il avait été séparé par cette distance qui se fait naturellement entre le narrateur et les auditeurs.

Un des moines se baissa et ramassa la valise.

— Méprisez l'or tant que vous voudrez, mon cher Morgan, puisque cela ne vous empêche pas de le recueillir; mais je sais de braves gens qui attendent les soixante mille francs que vous crossez dédaigneusement du pied, avec autant d'impatience et d'anxiété que la caravane égarée au désert attend la goutte d'eau qui l'empêchera de mourir de soif.

— Nos amis de la Vendée, n'est-ce pas? répondit Morgan, grand bien leur fasse, les égoïstes ; ils se battent eux. Ces messieurs ont choisi les roses et nous laissent les épines. Ah çà! mais, ils ne reçoivent donc rien de l'Angleterre?

— Si fait, dit gaîment un des moines, à Quiberon, ils ont reçu des boulets et de la mitraille.

— Je ne dis pas des Anglais, reprit Morgan, je dis de l'Angleterre.

— Pas un sou.

— Il me semble, cependant, dit un des assistants qui paraissait posséder une tête un peu plus réfléchie que celle de ses compagnons, il me semble que nos princes pourraient bien envoyer un peu d'or à ceux qui versent leur sang pour la cause de la monarchie ! Ne craignent-ils pas que la Vendée finisse par se lasser, un jour ou l'autre, d'un dévoûment qui, jusqu'aujourd'hui, ne lui a pas encore valu que je sache même un remercîment ?

— La Vendée, cher ami, reprit Morgan, est une terre généreuse et qui ne se lassera pas, soyez tranquille ; d'ailleurs quel serait le mérite de la fidélité, si elle n'avait point affaire à l'ingratitude ? Du moment où le dévoûment rencontre la reconnaissance, ce n'est plus du dévoûment, c'est un échange puisqu'il est récompensé ; soyons fidèles toujours, soyons dévoués tant que nous pourrons, messieurs, et prions le ciel qu'il fasse ingrats ceux auxquels nous nous dévouons, et nous aurons, croyez-moi, la belle part dans l'histoire de nos guerres civiles.

A peine Morgan achevait-il de formuler cet axiôme chevaleresque et exprimait-il un souhait qui avait toute chance d'être accompli, que trois coups maçonniques retentirent à la même porte par laquelle il avait été introduit lui-même.

— Messieurs, dit celui des moines qui paraissait remplir le rôle de président, vite les capuchons et les masques ; nous ne savons pas qui nous arrive.

III

A quoi servait l'argent du Directoire.

Chacun s'empressa d'obéir, les moines rabattant les capuchons de leurs longues robes sur leurs visages, Morgan remettant son masque.

— Entrez! dit le supérieur.

La porte s'ouvrit et l'on vit reparaître le frère servant.

— Un émissaire du général Georges Cadoudal demande à être introduit, dit-il.

— A-t-il répondu aux trois mots d'ordre ?

— Parfaitement.

— Qu'il entre.

Le frère servant rentra dans le souterrain, et deux secondes après reparut, conduisant un homme qu'à son costume il était facile de reconnaître pour un paysan et à sa tête carrée, coiffée de grands cheveux roux, pour un Breton.

Il s'avança jusqu'au milieu du cercle sans paraître intimidé le moins du monde, fixant tour à tour ses yeux sur chacun des moines et attendant que l'une de ces douze statues de granit rompît le silence.

Ce fut le président qui lui adressa la parole.

— De la part de qui viens-tu? lui demanda-t-il.

— Celui qui m'a envoyé, répondit le paysan, m'a commandé, si l'on me faisait une question, de dire que je venais de la part de Jehu.

— Es-tu porteur d'un message verbal ou écrit?

— Je dois répondre aux questions qui me seront faites par vous et échanger un chiffon de papier contre de l'argent.

— C'est bien, commençons par les questions : où en sont nos frères de Vendée ?

— Ils avaient déposé les armes, et n'attendaient qu'un mot de vous pour les reprendre.

— Et pourquoi avaient-ils déposé les armes ?

— Ils en avaient reçu l'ordre de Sa Majesté Louis XVIII.

— On a parlé d'une proclamation écrite de la main même du roi.

— En voici la copie.

Le paysan présenta le papier à celui qui l'interrogeait.

Il l'ouvrit et lut :

« La guerre n'est absolument propre qu'à rendre la royauté odieuse et menaçante. Les monarques qui rentrent par son concours sanglant ne peuvent jamais être aimés : il faut donc abandonner les moyens sanglants et se confier à l'empire de l'opinion qui revient d'elle-même aux principes sauveurs. Dieu et le roi seront bientôt le cri de ralliement des Français ; il faut réunir, en un formidable faisceau, les éléments épars du royalisme, abandonner la Vendée militante à son malheureux sort, et marcher dans une voie plus pacifique et moins incohérente. Les royalistes de l'ouest ont fait leur temps et l'on doit s'appuyer enfin sur ceux de Paris qui ont tout préparé pour une restauration prochaine. »

Le président releva la tête et cherchant Morgan d'un œil dont son capuchon ne pouvait voiler entièrement l'éclair :

— Eh bien, frère, dit-il, j'espère que voilà ton souhait de tout à l'heure accompli et les royalistes de la Vendée et du midi auront tout le mérite du dévoûment.

Puis abaissant son regard sur la proclamation dont restaient deux lignes à lire, il continua :

« Les Juifs avaient crucifié leur roi, depuis ce temps, ils errent par tout le monde ; les Français ont guillotiné le leur, ils seront dispersés par toute la terre.

» Datée de Blankenbourg, le 25 août 1799, jour de notre fête, de notre règne le sixième.

» *Signé :* Louis. »

Les jeunes gens se regardèrent.

— *Quos vult perdere Jupiter dementat,* dit Morgan.

— Oui, dit le président, mais quand ceux que Jupiter veut perdre représentent un principe, il faut les soutenir, non-seulement contre Jupiter, mais contre eux-mêmes. Ajax, au milieu de la foudre et des éclairs, se cramponnait à un rocher, et, dressant au ciel son poing fermé, disait : « J'échapperai malgré les dieux. » Et il échappait.

Puis se retournant du côté de l'envoyé de Cadoudal :

— Et à cette proclamation qu'a répondu celui qui t'envoie ?

— A peu près ce que vous venez de répondre vous-même. Il m'a dit de venir voir et de m'informer de vous, si vous étiez décidés à tenir malgré tout, malgré le roi lui-même.

— Pardieu, dit Morgan.

— Nous sommes décidés, dit le président.

— En ce cas, dit le paysan, tout va bien. Voici les noms réels des nouveaux chefs et leurs noms de guerre; le général vous recommande de ne vous servir le plus possible dans vos correspondances que des noms de guerre : c'est le soin qu'il prend lorsque de son côté il parle de vous.

— Vous avez la liste? demanda le président.

— Non, je pouvais être arrêté et la liste prise ; écrivez, je vais vous les dicter.

Le président s'assit à la table, prit une plume et écrivit sous la dictée du paysan vendéen les noms suivants :

— Georges Cadoudal, Jehu ou la Tête-Ronde ; Joseph Cadoudal, Judas Machabée ; Lahaye Saint-Hilaire, David ; Burban-Malabry, Brave-la-Mort ; Poulpiquez, Royal-Carnage ; Bonfils, Brise-Barrière ; Dampherné, Piquevers ; Duchayla, la Couronne ; Duparc, le Terrible ; La Roche, Mithridate ; Puysage, Jean-le-Blond.

— Voilà les successeurs des Charrette, des Stofflet, des Cathelineau, des Bon-

champs, des d'Elbée, des La Rochejaque-
lein et des Lescure, dit une voix.

Le Breton se retourna vers celui qui
venait de parler.

— S'ils se font tuer comme leurs prédé-
cesseurs, dit-il, que leur demanderez-
vous?

— Allons, bien répondu, dit Morgan,
de sorte...

— De sorte que dès que notre général
aura votre réponse, reprit le paysan, il
reprendra les armes.

— Et si notre réponse eût été négative?
demanda une voix.

— Tant pis pour vous, répondit le paysan ; dans tous les cas l'insurrection était fixée au 20 octobre.

— Eh bien, dit le président, le général aura, grâce à nous, de quoi payer son premier mois de solde. Où est votre reçu ?

— Le voici, dit le paysan, tirant de sa poche un papier sur lequel étaient écrits ces mots :

« Reçu de nos frères du midi et de l'est, pour être employée au bien de la cause, la somme de....

» Georges Cadoudal,

» Général en chef de l'armée royaliste de Bretagne. »

La somme, comme on voit, était restée en blanc.

— Savez-vous écrire? demanda le président.

— Assez pour remplir les trois ou quatre mots qui manquent.

— Eh bien, écrivez : Cent mille francs.

Le Breton écrivit, puis tendant le papier au président.

— Voici le reçu, dit-il, où est l'argent?

— Baissez-vous, et ramassez le sac qui est à vos pieds, il contient soixante mille francs.

Puis s'adressant à un des moines :

— Montbard, où sont les quarante autres mille ? demanda-t-il.

Le moine interpellé alla ouvrir une armoire, et en tira un sac un peu moins volumineux que celui qu'avait rapporté Morgan, mais qui cependant contenait la somme assez ronde de quarante mille francs.

— Voici qui complète la somme, dit le moine.

— Maintenant, mon ami, dit le président, mangez et reposez-vous, demain vous partirez.

— On m'attend là-bas, dit le Vendéen, je mangerai et je dormirai sur mon cheval. Adieu, messieurs, le ciel vous garde !

Et il s'avança pour sortir, vers la porte par laquelle il était entré.

— Attendez, dit Morgan.

Le messager de Georges s'arrêta.

— Nouvelle pour nouvelle, fit Morgan, dites au général Cadoudal que le général Bonaparte a quitté l'armée d'Égypte, est débarqué avant-hier à Fréjus et sera dans trois jours à Paris. Ma nouvelle vaut bien les vôtres, qu'en dites-vous ?

— Impossible ! s'écrièrent tous les moines d'une seule voix.

— Rien n'est pourtant plus vrai, messieurs ; je tiens la chose de notre ami Le Prêtre, qui l'a vu relayer une heure avant moi à Lyon et qui l'a reconnu.

— Que vient-il faire en France? demandèrent deux ou trois voix.

— Ma foi, dit Morgan, nous le saurons bien un jour ou l'autre ; il est probable qu'il ne revient pas à Paris pour y garder l'incognito.

— Ne perdez pas un instant pour annoncer cette nouvelle à nos frères de l'ouest, dit le président au paysan vendéen ; tout à l'heure je vous retenais, maintenant c'est moi qui vous dis, allez.

Le paysan salua et sortit ; le président attendit que la porte fût refermée.

— Messieurs, dit-il, la nouvelle que vient de nous annoncer frère Morgan est tellement grave, que je proposerai une mesure spéciale.

— Laquelle ? demandèrent les Compagnons de Jehu d'une seule voix.

— C'est que l'un de nous, désigné par le sort, parte pour Paris, et avec le chiffre convenu, nous tienne au courant de tout ce qui s'y passera.

— Adopté, répondirent-ils.

— En ce cas, reprit le président, écrivons nos treize noms, chacun le sien sur un morceau de papier, mettons-les dans un chapeau, et celui dont le nom sortira partira à l'instant même.

Les jeunes gens, d'un mouvement unanime, s'approchèrent de la table, écrivirent leurs noms sur des carrés de papier qu'ils roulèrent et les mirent dans un chapeau.

Le plus jeune fut appelé pour être le prête-nom du hasard.

Il tira un des petits rouleaux de papier et le présenta au président, qui le déplia.

— Morgan, dit le président.

— Mes instructions, demanda le jeune homme.

— Rappelez-vous, répondit le président avec une solennité à laquelle les voûtes de ce cloître prêtaient une suprême grandeur, que vous vous appelez le baron de Saint-Hermine, que votre père a été guillotiné sur la place de la Révolution et votre frère tué à l'armée de Condé. Noblesse oblige, voilà vos instructions.

— Et pour le reste? demanda le jeune homme.

— Pour le reste, dit le président, nous nous en rapportons à votre royalisme et à votre loyauté.

— Alors, mes amis, permettez-moi de prendre congé de vous à l'instant même, je voudrais être sur la route de Paris avant le jour, et j'ai une visite indispensable à faire avant mon départ.

— Va, dit le président en ouvrant ses bras à Morgan, je t'embrasse au nom de tous les frères. A un un autre je dirais : « Sois brave, persévérant, actif ; » à toi je dirai : « Sois prudent. »

Le jeune homme reçut l'accolade fraternelle, salua du sourire ses autres amis, échangea une poignée de main avec deux ou trois d'entre eux, s'enveloppa de son manteau, enfonça son chapeau sur sa tête et sortit.

IV

Roméo et Juliette.

Dans la prévoyance d'un prochain départ, le cheval de Morgan, après avoir été lavé, bouchonné, séché, avait reçu double ration d'avoine et avait été de nouveau sellé et bridé.

Le jeune homme n'eut donc qu'à le demander et à sauter dessus.

A peine fut-il en selle que la porte s'ouvrit comme par enchantement, le cheval s'élança dehors hennissant et rapide, ayant oublié sa première course, et prêt à en dévorer une seconde.

A la porte de la Chartreuse, Morgan demeura un instant indécis, pour savoir s'il tournerait à droite ou à gauche; enfin il tourna à droite, suivit un instant le sentier qui conduit de Bourg à Seillon, se jeta une seconde fois à droite, mais à travers plaine, s'enfonça dans un angle de forêt qu'il rencontra sur son chemin, reparut bientôt de l'autre côté du bois, gagna la grande route de Pont-d'Ain, la suivit pendant l'espace d'une demi-lieue à peu près, et ne s'arrêta qu'à un groupe de maisons que l'on appelle aujourd'hui la Maison-des Gardes.

Une de ces maisons portait pour enseigne un bouquet de houx, ce qui indiquait une de ces haltes campagnardes où les piétons se désaltèrent et reprennent des forces en se reposant un instant, avant de continuer le long et fatigant voyage de la vie.

Ainsi qu'il avait fait à la porte de la Chartreuse, Morgan s'arrêta, tira un pistolet de sa fonte et se servit de sa crosse comme d'un marteau ; seulement, comme selon toute probabilité, les braves gens qui habitaient l'humble auberge ne conspiraient pas, la réponse à l'appel du voyageur se fit plus longtemps attendre qu'à la Chartreuse.

Enfin on entendit le pas du garçon d'écurie, alourdi par ses sabots, la porte cria, et le bonhomme qui venait de l'ouvrir, voyant un cavalier tenant un pistolet à la main, s'apprêta instinctivement à la refermer.

—C'est moi, Pataut, dit le jeune homme; n'aie pas peur.

— Ah! de fait, dit le paysan, c'est vous, monsieur Charles. Ah! je n'ai pas peur non plus; mais vous savez, comme disait M. le curé, du temps qu'il y avait un bon Dieu, les précautions, c'est la mère de la sûreté.

— Oui, Pataut, oui, dit le jeune homme en mettant pied à terre et en glissant une pièce d'argent dans la main du garçon d'écurie; mais, sois tranquille, le bon Dieu reviendra, et par contre-coup M. le curé aussi.

— Oh! quant à ça, fit le bonhomme, on voit bien qu'il n'y a plus personne là-haut, à la façon dont tout marche; est-ce que ça durera longtemps encore comme ça, monseiur Charles?

— Pataut, je te promets de faire de mon

mieux pour que tu ne t'impatientes pas trop, parole d'honneur! Je suis aussi pressé que toi; aussi te prierai-je de ne pas te coucher, mon bon Pataut.

— Ah! vous savez bien, monsieur, que quand vous venez, c'est assez mon habitude de ne pas me coucher; et quant au cheval... Ah! ça, vous en changez donc tous les jours de cheval? l'avant-dernière fois, c'était un alezan; la dernière fois, c'était un pommelé, et aujourd'hui c'est un noir.

— Oui, je suis capricieux de ma nature; quant au cheval, comme tu disais, mon cher Pataut, il n'a besoin de rien, et tu ne t'en occuperas que pour le débrider. Laisse-lui la selle sur le dos ; attends, remets donc ce pistolet dans les fontes, et puis garde-moi encore ces deux-là.

Et Morgan détacha ceux qui étaient passés à sa ceinture et les donna au garçon d'écurie.

— Bon ! plus que ça d'aboyeurs !

— Tu sais, Pataut, on dit que les routes ne sont pas sûres.

— Ah ! je crois bien qu'elles ne sont pas sûres ! nous nageons en plein brigandage, monsieur Charles ; est-ce qu'on n'a pas arrêté et dépouillé, pas plus tard que la semaine dernière, la diligence de Genève à Bourg !

— Bah! fit Morgan; et qui accuse-t-on de ce vol?

— Oh! c'est une farce; imaginez-vous qu'ils disent que c'est les compagnons de *Jésus*. Je n'en ai pas cru un mot, vous pensez bien; qu'est-ce que c'est que les compagnons de *Jésus*, sinon les douze apôtres!

— En effet, dit Morgan avec son éternel et joyeux sourire, je n'en vois pas d'autres.

— Bon! continua Pataut, accuser les douze apôtres de dévaliser les diligences, il ne manquerait plus que cela! Oh! je vous le dis, monsieur Charles, nous vivons dans un temps où l'on ne respecte plus rien.

Et, tout en secouant la tête en misanthrope dégoûté, sinon de la vie, du moins des hommes, Pataut conduisit le cheval à l'écurie.

Quant à Morgan, il regarda pendant quelques secondes Pataut s'enfoncer dans les profondeurs de la cour et dans les ténèbres des écuries, puis tournant la haie qui ceignait le jardin, il descendit vers un grand massif d'arbres dont les hautes cimes se dressaient et se découpaient dans la nuit avec la majesté des choses immobiles, tout en ombrageant une charmante petite campagne qui portait dans les environs le titre pompeux de château des Noires-Fontaines.

Arrivé au mur du château, l'heure sonna au clocher du village de Montagnac. Morgan prêta l'oreille au timbre qui passait en vibrant dans l'atmosphère calme et silencieuse d'une nuit d'automne, et compta jusqu'à onze coups

Bien des choses, comme on le voit, s'étaient passées en deux heures.

Morgan fit encore quelques pas, examina le mur, paraissant chercher un endroit connu ; puis, cet endroit trouvé, introduisit la pointe de sa botte dans la jointure de deux pierres, s'élança comme un homme qui monte à cheval, saisit le chaperon du mur de la main gauche, d'un second élan se trouva à califourchon sur le mur, et, rapide comme l'éclair, se laissa retomber de l'autre côté.

Tout cela s'était fait avec tant de rapidité, d'adresse et de légèreté, que si quelqu'un eût passé par hasard en ce moment-là, il eût pu croire qu'il était le jouet d'une vision

Comme il avait fait d'un côté du mur, Morgan s'arrêta et écouta de l'autre, tandis que son œil sondait, autant que la chose était possible, dans les ténèbres obscurcies par le feuillage des trembles et des peupliers, les profondeurs du petit bois.

Tout était solitaire et silencieux.

Morgan se hasarda de continuer son chemin.

Nous disons se hasarda, parce qu'il y avait, depuis qu'il s'était approché du château des Noires-Fontaines, dans toutes les allures du jeune homme, une timidité et une hésitation si peu habituelles à son caractère qu'il était évident que cette fois, s'il avait des craintes, ces craintes n'étaient pas pour lui seul.

Il gagna la lisière du bois en prenant les mêmes précautions.

Arrivé sur une pelouse, à l'extrémité de

laquelle s'élevait le petit château, il s'arrêta et interrogea la façade de la maison.

Une seule fenêtre était éclairée des douze fenêtres qui, sur trois étages, perçaient cette façade.

Elle était au premier étage, à l'angle de la maison.

Un petit balcon tout couvert de vignes vierges qui grimpaient le long de la muraille, s'enroulaient autour des rinceaux de fer et retombaient en festons, s'avançait au-dessous de cette fenêtre et surplombait le jardin.

Aux deux côtés de la fenêtre, placés sur

le balcon même, des arbres à larges feuilles s'élançaient de leurs caisses et formaient au-dessus de la corniche un berceau de verdure.

Une jalousie, montant et descendant à l'aide de cordes, faisait une séparation entre le balcon et la fenêtre, séparation qui disparaissait à volonté.

C'était à travers les interstices de la jalousie que Morgan avait vu la lumière.

Le premier mouvement du jeune homme fut de traverser la pelouse en droite ligne, mais cette fois encore les craintes dont nous avons parlé le retinrent.

Une allée de tilleuls longeait la muraille et conduisait à la maison.

Il fit un détour et s'engagea sous la voûte obscure et feuillue.

Puis, arrivé à l'extrémité de l'allée, il traversa, rapide comme un daim effarouché, l'espace libre, et se trouva au pied de la muraille dans l'ombre épaisse projetée par la maison.

Il fit quelques pas à reculons, les yeux fixés sur la fenêtre, mais de manière à ne pas sortir de l'ombre.

Puis, arrivé au point calculé par lui, il frappa trois fois dans ses mains.

A cet appel, une ombre s'élança du fond de l'appartement et vint, gracieuse, flexible, presque transparente, se coller à la fenêtre.

Morgan renouvela le signal.

Aussitôt la fenêtre s'ouvrit, la jalousie se leva, et une ravissante jeune fille, en peignoir de nuit avec sa chevelure blonde ruisselante sur ses épaules, apparut dans l'encadrement de verdure.

Le jeune homme tendit les bras à celle dont les bras étaient tendus vers lui, et deux noms, ou plutôt deux cris sortis du cœur, se croisèrent allant au-devant l'un de l'autre.

— Charles ! — Amélie !

Puis le jeune homme bondit contre la muraille, s'accrocha aux tiges des vignes, aux aspérités de la pierre, aux saillies des corniches, et en une seconde se trouva sur le balcon.

Ce que les deux beaux jeunes gens se dirent alors ne fut plus qu'un murmure d'amour perdu dans un interminable baiser.

Mais, par un doux effort, le jeune homme entraîna d'un bras la jeune fille dans la chambre, tandis que l'autre lâchait les cordons de la jalousie qui retombait bruyante derrière eux.

Derrière la jalousie la fenêtre se referma.

Puis la lumière s'éteignit, et toute la façade du château des Noires-Fontaines se trouva dans l'obscurité.

Cette obscurité durait depuis un quart d'heure à peu près, lorsqu'on entendit le roulement d'une voiture sur le chemin qui conduisait de la grande route de Pont-d'Ain à l'entrée du château.

Puis le bruit cessa ; il était évident que la voiture venait de s'arrêter devant la grille.

V

La famille de Roland.

Cette voiture qui s'arrêtait à la porte était celle qui ramenait à sa famille Roland accompagné de sir John.

On était si loin de l'attendre que, nous l'avons dit, toutes les lumières de la maison étaient éteintes, toutes les fenêtres dans l'obscurité, même celle d'Amélie.

Le postillon, depuis cinq cents pas, faisait bien claquer son fouet à outrance, mais le bruit était insuffisant pour réveiller des provinciaux dans leur premier sommeil.

La voiture une fois arrêtée, Roland ouvrit la portière, sauta à terre sans toucher le marchepied, et se pendit à la sonnette.

Cela dura cinq minutes pendant lesquelles, après chaque sonnerie, Roland se retournait vers la voiture en disant:

— Ne vous impatientez pas, sir John.

Enfin une fenêtre s'ouvrit et une voix enfantine, mais ferme, cria :

— Qui sonne donc ainsi ?

— Ah ! c'est toi, petit Édouard, dit Roland, ouvre vite.

L'enfant se rejeta en arrière avec un cri joyeux et disparut. Mais en même temps on entendit sa voix qui criait dans les corridors :

— Mère ! réveille-toi, c'est Roland ; sœur ! réveille-toi, c'est le grand frère.

Puis, avec sa chemise seulement et ses pantoufles, il se précipita par les degrés en criant :

—Ne t'impatiente pas, Roland, me voilà! me voilà!

Un instant après on entendit la clé qui grinçait dans la serrure, les verrous qui glissaient dans les tenons, puis une forme blanche apparut sur le perron et vola, plutôt qu'elle ne courut, vers la grille qui, au bout d'un instant, grinça à son tour sur ses gonds et s'ouvrit.

L'enfant sauta au cou de Roland et y resta pendu.

— Ah! frère! ah! frère! criait-il en embrassant le jeune homme et en riant et pleurant tout à la fois; ah! grand frère Roland, que mère va être contente, et

Amélie donc! Tout le monde se porte bien, c'est moi le plus malade; ah ! excepté Michel, tu sais, le jardinier, qui s'est donné une entorse. Pourquoi donc n'es-tu pas en militaire? ah! que tu es laid en bourgeois; tu viens d'Égypte, m'as-tu apporté des pistolets montés en argent et un beau sabre recourbé? Non! ah bien ! tu n'es pas gentil et je ne veux plus t'embrasser ; mais non, non, va, n'aie pas peur, je t'aime toujours.

Et l'enfant couvrait le grand frère de baisers, comme il l'écrasait de questions.

L'Anglais, resté dans la voiture, regardait, la tête inclinée, à la portière et souriait.

Au milieu de ces tendresses fraternelles, une voix de femme éclata.

Une voix de mère.

— Où est-il, mon Roland, mon fils bien-aimé? demandait madame de Montrevel d'une voix empreinte d'une émotion joyeuse si violente, qu'elle allait presque jusqu'à la douleur; où est-il? Est-ce bien vrai qu'il soit revenu! est-ce bien vrai qu'il ne soit pas prisonnier? qu'il ne soit pas mort? est-ce bien vrai qu'il vive?

L'enfant, à cette voix, glissa comme un serpent dans les bras de son frère, tomba debout sur le gazon, et, comme enlevé par ressort, bondit vers sa mère.

— Par ici, mère, par ici ! dit-il en entraînant sa mère à moitié vêtue vers Roland.

A la vue de sa mère, Roland n'y put tenir ; il sentit se fondre cette espèce de glaçon qui semblait pétrifié dans sa poitrine, son cœur battit comme celui d'un autre.

— Ah ! s'écria-t-il, j'étais véritablement ingrat envers Dieu quand la vie me garde encore de semblables joies.

Et il se jeta tout sanglotant au cou de madame de Montrevel sans se souvenir de sir John qui, lui aussi, sentait se fondre son flegme anglican, et qui essuyait silencieusement les larmes qui coulaient sur ses joues, et qui venaient mouiller son sourire.

L'enfant, la mère et Roland formaient un groupe adorable de tendresse et d'émotion.

Tout à coup le petit Édouard, comme une feuille que le vent emporte, se détacha du groupe en criant :

— Et sœur Amélie, où est-elle donc?

Puis il s'élança vers la maison, en répétant :

— Sœur Amélie, réveille-toi, lève-toi, accours.

Et l'on entendit les coups de pied et les coups de poing de l'enfant qui retentissaient contre une porte.

Il se fit un grand silence.

Puis presque aussitôt on entendit le petit Édouard qui criait :

— Au secours, mère ! au secours, frère Roland ! sœur Amélie se trouve mal.

Madame de Montrevel et son fils s'élancèrent dans la maison, sir John qui, en touriste consommé qu'il était, avait dans une trousse des lancettes et dans sa poche un flacon de sels, descendit de voiture, et, obéissant à un premier mouvement, s'avança jusqu'au perron.

Là il s'arrêta, réfléchissant qu'il n'était point présenté, formalité toute-puissante pour un Anglais.

Mais d'ailleurs, en ce moment, celle au-devant de laquelle il allait venait au-devant de lui.

Au bruit que son frère faisait à sa porte, Amélie avait enfin paru sur le palier, mais sans doute la commotion qui l'avait frappée en apprenant le retour de Roland était trop forte, et après avoir descendu quelques degrés d'un pas presque automatique et en faisant un violent effort sur elle-même, elle avait poussé un soupir ; et comme une fleur qui plie, comme une branche qui s'affaisse, comme une écharpe qui flotte, elle était tombée ou plutôt s'était couchée sur l'escalier.

C'était alors que l'enfant avait crié.

Mais au cri de l'enfant, Amélie avait retrouvé, sinon la force, du moins la volonté, elle s'était redressée, et en balbutiant :

— Tais-toi, Édouard, tais-toi, au nom du ciel ! me voilà, elle s'était cramponnée d'une main à la rampe, et, appuyée de l'autre sur l'enfant, elle avait continué de descendre les degrés.

A la dernière marche elle avait rencontré sa mère et son frère ; alors, d'un mouvement violent, presque désespéré, elle avait jeté ses deux bras au cou de Roland, en criant :

— Mon frère! mon frère!

Puis Roland avait senti que la jeune fille pesait plus lourdement à son épaule, et en disant :

— Elle se trouve mal, de l'air! de l'air! il l'avait entraînée vers le perron.

C'était ce nouveau groupe, si différent du premier, que sir John avait sous les yeux.

Au contact de l'air, Amélie respira et redressa la tête.

En ce moment la lune, dans toute sa splendeur, se débarrassait d'un nuage qui la voilait, et éclairait le visage d'Amélie aussi pâle qu'elle.

Sir John poussa un cri d'admiration; il n'avait jamais vu statue de marbre si parfaite que ce marbre vivant qu'il avait sous les yeux.

Il faut dire qu'Amélie était merveilleusement belle, vue ainsi.

Vêtue d'un long peignoir de batiste, qui dessinait les formes d'un corps moulé sur celui de la Polymnie antique, sa tête pâle, légèrement inclinée sur l'épaule de son frère, ses longs cheveux d'un blond d'or tombant sur des épaules de neige, son bras jeté au cou de sa mère et qui laissait pendre sur le châle rouge dont madame de Montrevel était enveloppée, une main d'albâtre rosé, telle était la sœur de Roland apparaissant aux regards de sir John.

Il ne put retenir un cri d'admiration.

A ce cri, Roland se souvint qu'il était là, et madame de Montrevel s'aperçut de sa présence.

Quant à l'enfant, étonné de voir cet étranger chez sa mère, il descendit rapidement le perron, et restant seul sur la troisième marche, non pas qu'il craignait d'aller plus loin, mais pour rester à la hauteur de celui qu'il interpellait :

— Qui êtes-vous, monsieur? demanda-t-il à sir John, et que faites-vous ici ?

— Mon petit Édouard, dit sir John, je suis un ami de votre frère, et je viens vous apporter les pistolets montés en argent, et le damas qu'il vous a promis.

— Où sont-ils? demanda l'enfant.

— Ah! dit sir John, ils sont en Angleterre et il faut le temps de les faire venir; mais voilà votre grand frère qui répondra de moi et qui vous dira que je suis un homme de parole.

— Oui, Édouard, oui, dit Roland; si milord te les promet, tu les auras

Puis, s'adressant à madame de Montrevel et à sa sœur :

— Excusez-moi, ma mère; excusez-moi, Amélie, dit-il, ou plutôt excusez-vous vous-même comme vous pourrez près de milord, vous venez de faire de moi un abominable ingrat.

Puis, allant à sir John et lui prenant la main :

— Ma mère, continua Roland, milord a trouvé moyen, le premier jour qu'il m'a vu, la première fois qu'il m'a rencontré, de me rendre un éminent service; je sais que vous n'oubliez pas ces choses-là, j'espère donc que vous voudrez bien vous souvenir que sir John est un de vos meilleurs amis, et il va vous en donner une preuve en répétant avec moi qu'il consent à s'ennuyer quinze jours ou trois semaines avec nous.

— Madame, dit sir John, permettez-moi, au contraire, de ne point répéter les paroles de mon ami Roland ; ce ne serait point quinze jours, ce ne serait point trois semaines que je voudrais passer au milieu de votre famille, ce serait une vie tout entière.

Madame de Montrevel descendit le perron, et tendit à sir John une main que celui-ci baisa avec une galanterie toute française.

— Milord, dit-elle, cette maison est la vôtre; le jour où vous y êtes entré a été un jour de joie, le jour où vous la quitteres sera un jour de regret et de tristesse.

Sir John se tourna vers Amélie qui, confuse de paraître ainsi défaite devant un étranger, ramenait autour de son col les plis de son peignoir.

— Je vous parle en mon nom et au nom de ma fille, trop émue encore du retour inattendu de son frère, pour vous accueillir elle-même comme elle le fera dans un instant, continua madame de Montrevel en venant au secours d'Amélie.

— Ma sœur, dit Roland, permettra à

mon ami sir John de lui baiser la main, et il acceptera, j'en suis sûr, cette façon de lui souhaiter la bienvenue.

Amélie balbutia quelques mots, souleva lentement le bras, et tendit sa main à sir John avec un sourire presque douloureux

L'Anglais prit la main d'Amélie, mais, sentant que cette main était glacée et frissonnante, au lieu de la porter à ses lèvres :

— Roland, dit-il, votre sœur est sérieusement indisposée, ne nous occupons ce soir que de sa santé; je suis un peu médecin, et si elle veut bien convertir la faveur qu'elle daignait m'accorder en celle de permettre que je lui tâte le pouls, je lui en aurai une égale reconnaissance.

Mais, comme si elle craignait que l'on ne devinât la cause de son mal, Amélie retira vivement sa main, en disant :

— Mais, non, milord se trompe, la joie ne rend pas malade, et la joie seule de revoir mon frère a causé cette indisposition d'un instant qui a déjà disparu.

Puis, se tournant vers madame de Montrevel :

— Ma mère, dit-elle avec un accent rapide, presque fiévreux, nous oublions que ces messieurs arrivent d'un long voyage, que depuis Lyon ils n'ont probablement rien pris, et que, si Roland a toujours ce bon appétit que nous lui connaissons il ne m'en voudra pas de vous laisser faire à lui et à milord les honneurs de la maison, en songeant que je m'occupe des détails peu poétiques, mais très appréciés par lui, du ménage.

Et laissant, en effet, sa mère faire les honneurs de la maison, Amélie rentra pour réveiller les femmes de chambre et le domestique laissant dans l'esprit de sir John cette espèce de souvenir féerique que laisserait dans l'esprit d'un touriste descendant les bords du Rhin, l'apparition de la Lorelay debout sur son rocher sa lyre à la main, et laissant flotter au vent de la nuit l'or fluide de ses cheveux !

Pendant ce temps Morgan remontait à cheval, reprenant au grand galop le chemin de la Chartreuse, s'arrêtant devant la porte, tirant un carnet de sa poche, et écrivant sur une feuille de ce carnet quelques lignes au crayon qu'il roulait et faisait passer d'un côté à l'autre de la serrure, sans prendre le temps de descendre de son cheval.

Puis, piquant des deux et se courbant sur la crinière du noble animal, il disparaissait dans la forêt rapide et mystérieux comme Faust se rendant à la montagne du Sabbat.

Les trois lignes qu'il avait écrites étaient celles-ci :

Louis de Montrevel, aide-de-camp du général Bonaparte, est arrivé cette nuit au château des Noires-Fontaines.

Garde à vous, compagnons de Jehu !

Mais, tout en prévenant ses amis de se garder de Louis de Montrevel, Morgan avait tracé une croix au-dessus de son nom, ce qui voulait dire que quelque chose qui arrivât, le jeune officier devait leur être sacré.

Chaque compagnon de Jehu pouvait sauvegarder un ami sans avoir besoin de rendre compte des motifs qui le faisaient agir ainsi.

Morgan usait de son privilége : il sauvegardait le frère d'Amélie.

VI

Le château des Noires-Fontaines.

Le château des Noires-Fontaines, où nous venons de conduire deux des principaux personnages de cette histoire, était situé dans une des plus charmantes situations de la vallée où s'élève la ville de Bourg.

Son parc, de cinq ou six arpents, planté d'arbres centenaires, était fermé de trois côtés par des murailles de grès, ouvertes sur le devant de toute la largeur d'une belle grille de fer travaillée au marteau, et façonnée du temps et à la manière de Louis XV, et du quatrième côté par la rivière de la Reyssousse, charmant ruisseau qui prend sa source à Journaud, c'est-à-dire au bas des premières rampes jurassiques, et qui, coulant du midi au nord d'un cours presque insensible, va se jeter dans la Saône au pont de Fleurville, en face de Pont-de Vaux, patrie de Joubert, lequel, un mois avant l'époque où nous sommes arrivés, venait d'être tué à la fatale bataille de Novi.

Au delà de la Reyssousse et sur ses rives s'étendaient à droite et à gauche du château des Noires-Fontaines les villages de Montagnat et de Saint-Just, dominés par celui de Ceyseriat.

Derrière ce dernier bourg se dessinent les gracieuses silhouettes de collines du Jura, au-dessus de la crête desquelles on distingue la cime bleuâtre des montagnes du Bugey, qui semblent se hausser pour regarder curieusement par-dessus l'épaule de leurs sœurs cadettes ce qui se passe dans la vallée de l'Ain.

Ce fut en face de ce ravissant paysage que se réveilla sir John.

Pour la première fois de sa vie peut-être, le morose et taciturne Anglais souriait à la nature ; il lui semblait être dans une de ces belles vallées de la Thessalie, célébrées par Virgile, ou près de ces douces rives du Lignon, chantées par d'Urfé, dont la maison natale, quoiqu'en disent les biographes, tombait en ruines à trois quarts de lieue du château des Noires Fontaines.

Il fut tiré de sa contemplation par trois coups légèrement frappés à sa porte ; c'était son hôte Roland qui venait s'informer de quelle façon il avait passé la nuit.

Il le trouva radieux comme le soleil qui se jouait sur les feuilles déjà jaunies des marronniers et des tilleuls.

— Oh! oh! sir John, dit-il, permettez-moi de vous féliciter ; je m'attendais à voir un homme triste comme ces pauvres chartreux aux longues robes blanches qui m'effrayaient tant dans ma jeunesse, quoiqu'à vrai dire je n'aie jamais été facile à la peur ; et, pas du tout, je vous trouve, au milieu de notre triste mois d'octobre, souriant comme une matinée de mai.

— Mon cher Roland, répondit sir John, je suis presque orphelin ; j'ai perdu ma mère le jour de ma naissance, mon père à douze ans ; à l'âge où l'on met les enfants au collége, j'étais maître d'une fortune de plus d'un million de rente ; mais j'étais seul en ce monde, sans personne que j'aimasse, sans personne qui m'aimât ;

les douces joies de la famille me sont donc complètement inconnues. De douze ans à dix-huit ans; j'ai étudié à l'université de Cambridge ; mon caractère taciturne, un peu hautain peut-être, m'isolait au milieu de mes jeunes compagnons. A dix-huit ans, je voyageai. Voyageur armé qui parcourez le monde à l'ombre de votre drapeau, c'est-à-dire à l'ombre de la patrie; qui avez tous les jours les émotions de la lutte et les orgueils de la gloire, vous ne vous doutez point quelle chose lamentable c'est que de traverser les villes, les provinces, les états, les royaumes, pour visiter tout simplement une église ici, un château là; de quitter le lit à quatre heures du matin à la voix du guide impitoyable, pour voir le soleil se lever du haut du

Righi ou de l'Etna; de passer, comme un fantôme déjà mort, au milieu de ces ombres vivantes que l'on appelle les hommes; de ne savoir où s'arrêter; de n'avoir pas une terre où prendre racine, par un bras où s'appuyer, pas un cœur où verser son cœur! Eh bien, hier soir, mon cher Roland, tout à coup, en un instant, en une seconde, ce vide de ma vie a été comblé; j'ai vécu en vous; les joies que je cherche, je vous les ai vu éprouver; cette famille que j'ignore, je l'ai vu s'épanouir florissante autour de vous; en regardant votre mère, je me suis dit : Ma mère était ainsi, j'en suis certain. En regardant votre sœur, je me suis dit : Si j'avais eu une sœur, je ne l'aurais pas voulue autrement. En embrassant votre frère, je me suis dit que je pourrais, à la rigueur, avoir un enfant de cet âge-là, et laisser ainsi quelque chose après moi dans ce monde; tandis qu'avec le caractère dont je me connais, je mourrai comme j'aurai vécu, triste, maussade aux autres et importun à moi-même. Ah! vous êtes heureux, Roland! vous avez la famille, vous avez la gloire, vous avez la jeunesse, vous avez, ce qui ne gâte rien même chez un homme, vous avez la beauté. Aucune joie ne vous manque, aucun bonheur ne vous fait défaut; je vous le répète, Roland, vous êtes un homme heureux, bien heureux!

— Bon, dit Roland, et vous oubliez mon anévrisme, milord!

Sir John regarda le jeune homme d'un

air d'incrédulité. En effet, Roland paraissait jouir d'une santé formidable.

— Votre anévrisme contre mon million de rente, Roland, dit avec un sentiment de profonde tristesse lord Tanlay, pourvu qu'avec votre anévrisme vous me donniez cette mère qui pleure de joie en vous revoyant, cette sœur qui se trouve mal de bonheur à votre retour, cet enfant qui se pend à votre cou comme un jeune et beau fruit à un arbre jeune et beau; pourvu qu'avec tout cela encore vous me donniez ce château aux frais ombrages, cette rivière aux rives gazonneuses et fleuries, ces lointains bleuâtres, où blanchissent, comme des troupes de cygnes, de jolis villages avec leurs clochers bourdonnants ; votre anévrisme, Roland, la mort, dans deux ans, dans un an, dans six mois ; mais six mois de votre vie si pleine, si agitée, si douce, si accidentée, si glorieuse ! et je me regarderai comme un homme heureux.

Roland éclata de rire, de ce rire nerveux qui lui était particulier.

— Ah ! dit-il, que voilà bien le touriste, le voyageur superficiel, le Juif errant de la civilisation, qui, ne s'arrêtant nulle part, ne peut rien apprécier, rien approfondir, juge chaque chose par la sensation qu'elle lui apporte, et dit, sans ouvrir la porte de ces cabanes où sont renfermés ces fous qu'on appelle des hommes : Derrière cette muraille on est heureux! Eh bien, mon cher, vous voyez bien cette charmante rivière, n'est-ce pas? ces beaux gazons fleuris, ces jolis villages? c'est l'image de la paix, de l'innocence, de la fraternité; c'est le siècle de Saturne; c'est l'âge d'or; c'est l'Éden; c'est le paradis. Eh bien, tout cela est peuplé de gens qui s'égorgent les uns les autres; les jungles de Calcutta, les roseaux du Bengale ne sont pas peuplés de tigres plus féroces et de panthères plus cruelles que ces jolis villages, que ces frais gazons, que les bords de cette charmante rivière. Après avoir fait des fêtes funéraires au bon, au grand, à l'immortel Marat, qu'on a fini, par jeter à la voirie comme une charogne qu'il était, et même qu'il avait toujours été; après avoir fait des fêtes funéraires dans lesquelles chacun apportait une urne et y versait toutes les larmes de son corps, voilà que nos bons Bressans, nos doux Bressans, nos engraisseurs de poulardes, se sont avisés que les républicains étaient tous des assassins, et qu'ils les ont assassinés par charretées, pour les corriger de ce vilain défaut qu'a l'homme sauvage ou civilisé de tuer son semblable. Vous doutez? Oh! mon cher, sur la route de Lons-le-Saulnier, si vous êtes curieux on vous montrera la place où, ne voilà pas plus de six mois, il s'est organisé une tuerie qui ferait lever le cœur aux plus féroces sabreurs de nos champs de bataille. Imaginez-vous une charrette chargée de prisonniers que l'on conduisait à Lons-le-

Saulnier, une charrette à ridelles, une de ces immenses charrettes sur lesquelles on conduit les veaux à la boucherie; dans cette charrette une trentaine d'hommes, dont tout le crime était une folle exaltation de pensées et de paroles menaçantes; tout cela lié, garrotté, la tête pendante et bosselée par les cahots, la poitrine haletante de soif, de désespoir et de terreur; des malheureux qui n'ont pas même, comme aux temps de Néron et de Commode, la lutte du cirque, la discussion, à main armée, de la mort; que le massacre surprend impuissants et immobiles; qu'on égorge dans leurs liens et qu'on frappe non-seulement pendant leur vie, mais jusqu'au fond de la mort, sur le corps desquels, — quand dans ces corps le cœur a cessé de battre, — sur le corps desquels l'assommoir retentit sourd et mat, pilant les chairs, broyant les os, et des femmes regardant ce massacre paisibles et joyeuses. soulevant au-dessus de leurs têtes leurs enfants battant des mains; des vieillards, qui n'auraient plus dû penser qu'à faire une mort chrétienne, et qui contribuaient, par leurs cris et leurs excitations, à faire à ces malheureux une mort désespérée, et au milieu de ces vieillards un petit septuagénaire, bien coquet, bien poudré, chiquenaudant son jabot de dentelle pour le moindre grain de poussière, prenant son tabac d'Espagne dans une tabatière d'or avec un chiffre en diamants, mangeant ses pastilles à l'ambre dans une bonbonnière de Sèvres qui lui a été donnée par madame Dubarry, bonbonnière ornée du portrait de la donatrice; ce septuagénaire, — voyez le tableau, mon cher, — piétinant avec ses escarpins sur ces corps qui ne faisaient plus qu'un matelas de chair humaine, et fatigant son bras, appauvri par l'âge, à frapper avec un jonc à pomme de vermeil ceux de ces cadavres qui ne lui paraissaient pas suffisamment morts, convenablement passés au pilon. Pouah! mon cher. J'ai vu Montebello, j'ai vu Arcole, j'ai vu Rivoli, j'ai vu les Pyramides; je croyais ne pouvoir rien voir de plus terrible. Eh bien, le simple récit de ma mère, hier, quand vous avez été rentré dans votre chambre, m'a fait dresser les cheveux! Ma foi! voilà qui explique les spasmes de ma pauvre sœur aussi clairement que mon anévrisme explique les miens.

Sir John regardait et écoutait Roland avec cet étonnement curieux que lui causaient toujours les sorties misanthropiques de son jeune ami ; en effet Roland semblait embusqué au coin de la conversation pour tomber sur le genre humain à la moindre occasion qui s'en présenterait. Il s'aperçut du sentiment qu'il venait de faire pénétrer dans l'esprit de sir John et changea complétement de ton, substituant la raillerie amère à l'emportement philanthropique.

— Il est vrai, dit-il, qu'à part cet excellent aristocrate qui achevait ce que les massacreurs avaient commencé, et qui retrempait dans le sang ses talons rouges déteints, les gens qui font ces sortes d'exécutions sont des gens de bas étage, des bourgeois et des manants, comme disaient nos aïeux en parlant de ceux qui les nourrissaient; les nobles s'y prennent plus élégamment. Vous avez vu, au reste, ce qui s'est passé à Avignon : on vous le raconterait, n'est-ce pas? que vous ne le croiriez pas. Ces messieurs les détrousseurs de diligences se piquent de délicatesse infinie; ils ont deux faces sans compter leur masque, ce sont tantôt des Cartouches et des Mandrins, tantôt des Amadis et des Galaors. On raconte des histoires fabuleuses de ces héros de grands chemins. Ma mère me disait hier qu'il y avait un nommé Laurent, vous comprenez bien, mon cher, que Laurent est un nom de guerre qui sert à cacher le nom véritable, comme le masque cache le visage, il y avait un nommé Laurent qui réunissait toutes les qualités d'un héros de roman, tous les accomplissements, comme vous dites, vous autres Anglais qui, sous le prétexte que vous avez été Normands autrefois, vous permettez de temps en temps d'enrichir notre langue d'une expression pittoresque, d'un mot dont la gueuse demandait l'aumône à nos savants, qui se gardaient bien de la lui faire. Le susdit Laurent était donc beau jusqu'à l'idéalité, il faisait partie d'une bande de soixante-douze compagnons de Jéhu, que l'on vient de juger à Yssengeaux ; soixante-dix furent acquittés, lui et un de ses compagnons furent seuls condamnés à mort ; on renvoya les *innocents*, séance tenante, de l'accusation et l'on garda Laurent et son compagnon pour la guillotine. Mais bast ! maître Laurent avait une trop jolie tête pour que cette tête tombât sous l'ignoble fer d'un exécuteur : les juges qui l'avaient jugé, les curieux qui s'attendaient à le voir exécuter avaient oublié cette *recommandation corporelle de la beauté*, comme dit Montaigne ; il y avait une femme chez le geôlier d'Yssengeaux, sa fille, sa sœur, sa nièce ; l'histoire, car c'est une histoire que je vous raconte et non un roman, l'histoire n'est pas fixée là-dessus, tant il y a que la femme quelle qu'elle fût devint amoureuse du beau condamné, si bien que, deux heures avant l'exécution, au moment où maître Laurent croyait voir entrer l'exécuteur, et dormait ou faisait semblant de dormir, comme il se pratique toujours en pareil cas, il vit entrer l'ange sauveur. Vous dire comment les mesures étaient prises, je n'en sais rien : les deux amants ne sont point entrés dans les détails, et pour cause ; mais la vérité est, et je vous rappelle toujours, sir John, que c'est la vérité et non une fable, la vérité est que Laurent se trouva libre avec le regret de ne pouvoir sauver son camarade qui était dans un autre cachot : Gensonné, en pareille circonstance, refusa de fuir et voulut mourir avec ses compagnons les Girondins ; mais Gensonné n'avait pas la tête d'Antinoüs sur le corps d'Apollon : plus la tête est belle, vous comprenez, plus on y tient; il accepta l'offre qui lui était faite et s'enfuit ; un cheval l'attendait au prochain village; la jeune fille, qui eût pu retarder ou embarrasser sa fuite, devait l'y rejoindre au point du jour. Le jour parut, mais n'amena point l'ange sauveur ; il paraît que notre chevalier tenait plus à sa maîtresse qu'à son compagnon : il avait fui sans son compagnon, il ne voulut pas fuir sans sa maîtresse. Il était six heures du matin, l'heure juste de l'exécution, l'impatience le gagnait. Il avait depuis quatre heures, tourné trois fois la tête de son cheval vers la ville et chaque fois s'en était approché davantage ; une idée, à cette troisième fois, lui passe par l'esprit : c'est que sa maîtresse est prise et va payer pour lui ; il était venu jusqu'aux premières maisons, il pique son cheval, rentre dans la ville, traverse à visage découvert et au milieu de gens qui le nomment par son nom, tout étonnés de le voir libre à cheval, quand ils s'attendaient à le voir garrotté et en charrette, traverse la place de l'exécution où le bourreau vient d'apprendre qu'un de ses patients a disparu, aperçoit sa libératrice qui fendait à grand'peine la foule, non pas pour voir l'exécution, elle, mais pour aller le rejoindre ; à sa vue, il enlève son cheval, bondit vers elle, renverse trois ou quatre badauds en les heurtant du poitrail de son Bayard, parvient jusqu'à elle, la jette sur l'arçon de sa selle, pousse un cri de joie et disparaît en brandissant son chapeau, comme M. de Condé à la bataille de Lens; et le peuple d'applaudir et les femmes de trouver l'action héroïque et de devenir amoureuses du héros.

Roland s'arrêta, et voyant que sir John gardait le silence, il l'interrogea du regard.

— Allez toujours, répondit l'Anglais, je vous écoute, et comme je suis sûr que vous ne me dites tout cela que pour arriver à un point qui vous reste à dire, j'attends.

— Eh bien, reprit en riant Roland,

vous avez raison, très cher, et vous me connaissez, ma parole, comme si nous étions amis de collége. Eh bien, savez-vous l'idée qui m'a toute la nuit trotté dans l'esprit? c'est de voir de près ce que c'est que ces messieurs de Jehu.

— Ah! oui, je comprends, vous n'avez pas pu vous faire tuer par M. de Barjols, vous allez essayer de vous faire tuer par M. Morgan.

— Ou un autre, mon cher sir John, répondit tranquillement le jeune officier, car je vous déclare que je n'ai rien particulièrement contre M. Morgan, au contraire, quoique ma première pensée, quand il est entré dans la salle et a fait son petit *speech*, n'est-ce pas : un *speech* que vous appelez cela ?

Sir John fit de la tête un signe affirmatif.

— Bien que ma première pensée, dit-il, ait été de lui sauter au cou et de l'étrangler d'une main, tandis que je lui eusse arraché son masque de l'autre.

— Maintenant que je vous connais, mon cher Roland, je me demande en effet comment vous n'avez pas mis un si beau projet à exécution.

— Ce n'est pas ma faute, je vous le jure, j'étais parti, mon compagnon m'a retenu.

— Il y a donc des gens qui vous retiennent?

— Pas beaucoup, mais celui-là.

— De sorte que vous en êtes aux regrets?

— Non pas en vérité; ce brave détrousseur de diligences a fait sa petite affaire avec une crânerie qui m'a plu : j'aime instinctivement les gens braves; si je n'avais pas tué M. Barjols, j'aurais voulu être son ami. Il est vrai que je ne pouvais savoir combien il était brave qu'en le tuant. Mais parlons d'autre chose. C'est un de mes mauvais souvenirs que ce duel. Pourquoi étais-je donc monté? A coup sûr, ce n'était point pour vous parler des compagnons de Jehu, ni des exploits de M. Laurent... Ah! c'était pour m'entendre avec vous sur ce que vous comptez faire ici. Je me mettrai en quatre pour vous amuser, mon cher hôte ; mais j'ai deux chances contre moi, mon pays qui n'est guère amusant, votre nation qui n'est guère amusable.

— Je vous ai déjà dit, Roland, répliqua lord Tanlay en tendant la main au jeune homme, que je tenais le château des Noires-Fontaines pour un paradis.

— D'accord. Mais cependant, dans la crainte que vous ne trouviez bientôt votre paradis monotone, je ferai de mon mieux pour vous distraire. Aimez-vous l'archéologie, Westminster, Cantorbéry? Nous avons l'église de Brou, une merveille, de la dentelle sculptée par maître Colomban; il y a une légende là-dessus, je vous la dirai un soir que vous aurez le sommeil difficile. Vous verrez les tombeaux de Marguerite de Bourbon, de Philippe-le-Beau et de Marguerite d'Autriche; nous vous poserons le grand problème de sa devise : « Fortune, infortune, fortune, » que j'ai la prétention d'avoir résolu par cette version latinisée : *Fortuna, infortuna forti una.* Aimez-vous la pêche, mon cher hôte? vous avez la Reyssousse au bout de votre pied; à l'extrémité de votre main une collection de lignes et d'hameçons appartenant à Édouard, une collection de filets appartenant à Michel. Quant aux poissons, vous savez que c'est la dernière chose dont on s'occupe. Aimez-vous la chasse? nous avons la forêt de Seillon à cent pas de nous; pas la chasse à courre, par exemple, il faut y renoncer, mais la chasse à tir. Il paraît que les bois de mes anciens croquemitaines les chartreux foisonnent de sangliers, de chevreuils, de lièvres et de renards. Personne n'y chasse, par la raison que c'est au gouvernement, et que le gouvernement, dans ce moment-ci, c'est personne. En ma qualité d'aide-de-camp du général Bonaparte, je remplirai la lacune, et nous verrons si quelqu'un ose trouver mauvais qu'après avoir chassé les Autrichiens sur l'Adige et les mameluks sur le Nil, je chasse les sangliers, les daims, les chevreuils, les renards et les lièvres sur la Reyssouse. Un jour d'archéologie, un jour de pêche et un jour de chasse. Voilà déjà trois jours ; vous voyez, mon cher hôte, nous n'avons plus à avoir d'inquiétude que pour quinze ou seize.

— Mon cher Roland, dit sir John avec une profonde tristesse et sans répondre à la verbeuse improvisation du jeune officier, ne me direz-vous jamais quelle fièvre vous brûle, quel chagrin vous mine ?

— Ah ! par exemple, fit Roland avec un éclat de rire strident et douloureux, je n'ai jamais été si gai que ce matin, c'est vous qui avez le spleen, milord, et qui voyez tout en noir.

— Un jour je serai réellement votre ami, répondit sérieusement sir John ; ce jour-là vous me ferez vos confidences, ce jour-là je porterai une part de vos peines.

— Et la moitié de mon anévrisme.... Avez-vous faim, milord ?

— Pourquoi me faites-vous cette question ?

— C'est que j'entends dans l'escalier le pas d'Édouard, qui vient nous dire que le déjeûner est servi.

En effet, Roland n'avait pas prononcé le dernier mot, que la porte s'ouvrait et que l'enfant disait :

— Grand frère Roland, mère et sœur Amélie attendent pour déjeûner milord et toi.

Puis s'attachant à la main droite de l'Anglais, il lui regarda attentivement la première phalange du pouce, de l'index et de l'annulaire.

— Que regardez-vous, mon jeune ami? demanda sir John.

— Je regarde si vous avez de l'encre aux doigts.

— Et si j'avais de l'encre aux doigts, que voudrait dire cette encre?

— Que vous auriez écrit en Angleterre.

Vous auriez demandé mes pistolets et mon sabre.

— Non, je n'ai pas écrit, dit sir John, mais j'écrirai aujourd'hui.

— Tu entends, grand frère Roland, j'aurai dans quinze jours mes pistolets et mon sabre !

Et l'enfant, tout joyeux, présenta ses joues roses et fermes au baiser de sir John, qui l'embrassa aussi tendrement que l'eût fait un père.

Puis tous trois descendirent dans la salle à manger, où les attendaient Amélie et madame de Montrevel.

VII

Les plaisirs de la province.

Le même jour, Roland mit une partie du projet arrêté à exécution : il emmena sir John voir l'église de Brou.

Ceux qui ont vu la charmante petite

chapelle de Brou savent que c'est une des cent merveilles de la Renaissance.

Ceux qui ne l'ont pas vue l'ont entendu dire.

Roland, qui comptait faire à sir John les honneurs de son bijou historique et qui ne l'avait pas vu depuis sept ou huit ans, fut d'abord désappointé quand, en arrivant devant la façade, il trouva les niches des saints vides et les figurines du portail décapitées.

Il demanda le sacristain ; on lui rit au nez.

Il n'y avait plus de sacristain.

Il s'informa à qui il devait s'adresser pour avoir les clés.

On lui répondit que c'était au capitaine de la gendarmerie.

Le capitaine de la gendarmerie n'était pas loin ; le cloître attenant à l'église avait été converti en caserne.

Roland monta à la chambre du capitaine, se fit reconnaître pour aide-de-camp de Bonaparte. Le capitaine, avec l'obéissance passive d'un inférieur pour son supérieur, lui remit les clés et le suivit par derrière.

Sir John attendait devant le porche, admirant, malgré les mutilations qu'ils avaient subies, les admirables détails de la façade.

Roland ouvrit la porte et recula d'étonnement : l'église était littéralement bourrée de foin, comme un canon chargé jusqu'à la gueule.

— Qu'est-ce que cela? demanda-t-il au capitaine de gendarmerie.

— Mon officier, c'est une précaution de la municipalité?

— Comment, une précaution de la municipalité ?

— Oui.

— Dans quel but?

— Celui de sauvegarder l'église. On allait la démolir; mais le maire a décrété qu'en expiation du culte d'erreur auquel elle avait servi, elle serait convertie en magasin à fourrages.

Roland éclata de rire, et se retournant vers sir John :

— Mon cher lord, dit-il, l'église était curieuse à voir, mais je crois que ce que monsieur vous raconte là est non moins curieux. Vous trouverez toujours, soit à Strasbourg, soit à Cologne, soit à Milan, une église ou un dôme qui vaudront la chapelle de Bourg, mais vous ne trouverez pas toujours des administrateurs assez bêtes pour vouloir démolir un chef-d'œuvre, et un maire assez spirituel pour en faire une église à fourrages. Mille remercîments, capitaine, voilà vos clés.

— Comme je le disais à Avignon, la première fois que j'eus l'honneur de vous voir, mon cher Roland, répliqua sir John, c'est un peuple bien amusant que le peuple français.

— Cette fois, milord, vous êtes trop poli, répondit Roland, c'est bien idiot qu'il faut dire ; écoutez : je comprends les cataclysmes politiques qui ont bouleversé notre société depuis mille ans ; je comprends les Communes, les Pastoureaux, la Jacquerie, les Maillotins, la Saint-Barthélemy, la Ligue, la Fronde, les dragonnades, la Révolution ; je comprends le 14 juillet, les 5 et 6 octobre, le 20 juin, le 10 août, les 2 et 3 septembre, le 21 janvier, le 31 mai, les 30 octobre et 9 thermidor ; je comprends la torche des guerres civiles avec son feu grégeois qui se rallume dans le sang au lieu de s'y éteindre ; je comprends la marée des révolutions qui monte toujours avec son flux que rien n'arrête, et son reflux qui roule les débris des institutions que son flux a renversées ; je comprends tout cela, mais lance contre lance, épée contre épée, hommes contre hommes, peuple contre peuple ; je comprends la colère mortelle des vainqueurs, je comprends les réactions sanglantes des vaincus, je comprends les volcans politiques qui grondent dans les entrailles du globe, qui secouent la terre, qui renversent les trônes, qui culbutent les monarchies, qui font rouler têtes et couronnes sur les échafauds ; mais ce que je ne comprends pas, c'est la mutilation du granit, la mise hors la loi des monuments, la destruction des choses inanimées qui n'appartiennent ni à ceux qui les détruisent ni à l'époque qui les détruit ; c'est la mise au pilon de cette bibliothèque gigantesque où l'antiquaire peut lire l'histoire archéologique d'un pays. Oh! les vandales et les barbares ! mieux que tout cela, les idiots, qui se vengent sur des pierres des crimes de Borgia et des débauches de Louis XV! Qu'ils connaissaient bien l'homme pour

l'animal le plus pervers, le plus destructif,
le plus malfaisant de tous, ces Pharaons.
ces Ménès, ces Chéops, ces Osymandyas
qui faisaient bâtir des pyramides, non pas
avec des rinceaux de guipure et des jubés
de dentelle, mais avec des blocs de granit
de cinquante pieds de long; ils ont bien
dû rire du fond de leurs sépulcres quand
ils ont vu le temps y user sa faulx et les
pachas y user leurs ongles. Bâtissons des
pyramides, mon cher lord, ce n'est pas
difficile comme architecture, ce n'est pas
beau comme art, mais c'est solide, et cela
permet à un général de dire au bout de
quatre mille ans : « Soldats, du haut de ces
moments quarante siècles vous contem-
plent! » Tenez, ma parole d'honneur, mon
cher lord, je voudrais rencontrer dans ce

moment-ci un moulin à vent pour lui chercher querelle.

Et Roland, éclatant de son rire habituel, entraîna sir John dans la direction du château.

Sir John l'arrêta.

— Oh! dit-il, n'y avait-il donc à voir dans toute la ville que l'église de Brou?

— Autrefois, mon cher lord, répondit Roland, avant qu'elle ne fût convertie en magasin à fourrages, je vous eusse offert de descendre avec vous dans les caveaux des ducs de Savoie, nous eussions cherché ensemble un passage souterrain qu'on dit exister, qui a près d'une lieue de long, et qui communique, à ce que l'on assure, avec la grotte de Ceyzeriah, remarquez bien que je n'aurais pas proposé une pareille partie de plaisir à un autre qu'à un Anglais, c'était rentrer dans les *Mystères d'Udolphe,* de la célèbre Anne Radcliffe ; mais vous voyez que c'est impossible ; allons, il faut en faire notre deuil, venez.

— Eh ! où allons-nous ?

— Ma foi, je n'en sais rien ; il y a dix ans je vous eusse mené vers les établissements où l'on engraissait les poulardes. Les poulardes de Bresse, vous le savez, avaient une réputation européenne; Bourg était une succursale de la grande mue de

Strasbourg. Mais pendant la Terreur, vous comprenez bien que les engraisseurs ont fermé boutique; on était réputé aristocrate pour avoir mangé une poularde, et vous connaissez le refrain fraternel : *Ah! ça ira, ça ira, ça ira, les aristocrat' à la lanterne !* Après la chute de Robespierre, ils ont rouvert; mais depuis le 18 fructidor, il y a eu en France ordre de maigrir, même pour la volaille. N'importe, venez toujours, à défaut de poulardes, je vous ferai voir autre chose, la place où l'on exécutait ceux qui en mangeaient, par exemple. En outre, depuis que je ne suis venu en ville, nos rues ont changé de nom; je connais toujours les sacs, mais je ne connais plus les étiquettes.

— Ah çà, demanda sir John, vous n'êtes donc pas républicain ?

— Moi, pas républicain, allons donc ! je me crois un excellent républicain, au contraire, et je suis capable de me laisser brûler le poignet comme *Mucius Scévola*, ou de me jeter dans un gouffre comme *Curtius*, pour sauver la république ; mais j'ai le malheur d'avoir l'esprit trop bien fait : le ridicule me prend malgré moi aux côtes et me chatouille à me faire crever de rire. J'accepte volontiers la constitution de 1791 ; mais quand le pauvre Hérault de Séchelles écrivait au directeur de la Bibliothèque nationale de lui envoyer les lois de Minos afin qu'il pût faire une constitution sur le modèle de celle de l'île de

Crète, je trouvais que c'était aller chercher un modèle un peu loin et que nous pouvions nous contenter de celle de Lycurgue. Je trouve que janvier, février et mars, tout mythologiques qu'ils étaient, valaient bien nivôse, pluviôse et ventôse. Je ne comprends pas pourquoi, lorsqu'on s'appelait Antoine ou Chrysostôme en 1789, on s'appelle Brutus ou Cassius en 1793. Ainsi, tenez, milord, voilà une honnête rue qui s'appelait la rue des Halles ; cela n'avait rien d'indécent ni d'aristocrate, n'est-ce pas ? Eh bien, elle s'appelle aujourd'hui, attendez (Roland regarda l'inscription), elle s'appelle aujourd'hui *la rue de la Révolution*. En voilà une autre qui s'appelait la rue Notre-Dame et qui s'appelle *la rue du Temple*. Pourquoi la rue du

Temple ? Pour éterniser probablement l'endroit où l'infâme Simon a essayé d'apprendre l'état de savetier à l'héritier de soixante-trois rois ; je me trompe d'un ou deux, ne me faites pas une querelle pour cela. Enfin, voyez cette troisième, elle s'appelait la rue Crèvecœur, un nom illustre en Bresse, en Bourgogne et dans les Flandres ; elle s'appelle *la rue de la Fédération.* La fédération est une belle chose, mais Crèvecœur était un beau nom. Et puis, voyez-vous, elle conduit tout droit aujourd'hui à la place de la Guillotine, ce qui est un tort, à mon avis. Je voudrais qu'il n'y eût point de rues pour conduire à ces places-là. Celle-ci a un avantage, elle est à cent pas de la prison ; ce qui économisait et ce qui économise même

encore une charrette et un cheval à
M. *de Bourg.* Remarquez que le bourreau
est resté noble, lui. Au reste, la place est
admirablement bien disposée pour les
spectateurs, et mon aïeul Montrevel, dont
elle porte le nom, a, dans la prévoyance
sans doute de sa destination, résolu ce
grand problème encore à résoudre dans
les théâtres, c'est qu'on voit bien de partout. Si jamais on m'y coupe la tête, ce
qui n'aurait rien d'extraordinaire par les
temps où nous vivons, je n'aurais qu'un
regret : c'est d'être moins bien placé et de
voir bien plus mal que les autres. Là, maintenant montons cette petite rampe ; nous
voilà sur la place *des Lices.* Nos révolutionnaires lui ont laissé son nom parce
que, selon toute probabilité, ils ne savent

pas ce que cela veut dire ; je ne le sais guère mieux qu'eux, mais je crois me rappeler qu'un sir d'Estavayer a défié je ne sais quel comte flamand, et que le combat a eu lieu sur cette place. Maintenant, mon cher lord, quant à la prison c'est un bâtiment qui vous donnera une idée des vicissitudes humaines ; Gil Blas n'a pas plus souvent changé d'état que ce monument de destination. Avant l'arrivée de César, c'était un temple gaulois ; César en fit une forteresse romaine ; un architecte inconnu le transforma en un ouvrage militaire du moyen-âge ; les sires de Baye, à l'exemple de César, le refirent forteresse. Les princes de Savoie y ont eu une résidence ; c'était là que demeurait la tante de Charles-Quint quand elle visitait son église de Brou, qu'elle ne devait pas avoir la satisfaction de voir terminée. Enfin, après le traité de Lyon, quand la Bresse fit retour à la France, on en fira à la fois une prison et un palais de justice. Attendez-moi là, milord, si vous n'aimez pas le cri des grilles et le grincement des verrous. J'ai une visite à rendre à certain cachot.

— Le grincement des verrous et le cri des grilles ne sont pas un bruit fort récréatif, mais n'importe! puisque vous voulez bien vous charger de mon éducation, conduisez-moi à votre cachot.

— Eh bien, alors, entrons vite; il me semble que je vois une foule de gens qui ont l'air d'avoir envie de me parler.

Et en effet, peu à peu une espèce de rumeur semblait se répandre dans la ville; on sortait des maisons, on formait des groupes dans la rue, et ces groupes se montraient Roland avec curiosité.

Roland sonna à la grille, située à cette époque à l'endroit où elle est encore aujourd'hui, mais s'ouvrant sur le préau de la prison.

Un guichetier vint ouvrir.

— Ah! ah! c'est toujours vous, père Courtois? demanda le jeune homme.

Puis se retournant vers sir John :

— Un beau nom de geôlier, n'est-ce pas, milord ?

Le geôlier regarda le jeune homme avec étonnement.

— Comment se fait-il, demanda-t-il à travers la grille, que vous sachiez mon nom et que je ne sache pas le vôtre ?

— Bon ! non-seulement je sais votre nom, mais encore votre opinion ; vous êtes un vieux royaliste, père Courtois !

— Monsieur, dit le geôlier tout effrayé, pas de mauvaises plaisanteries, s'il vous plaît, et dites ce que vous désirez.

— Eh bien, mon brave père Courtois, je désirerais visiter le cachot où l'on a mis ma mère et ma sœur, madame et mademoiselle de Montrevel.

— Ah! s'écria le concierge, comment! c'est vous, monsieur Louis! Ah! bien, vous aviez raison de dire que je ne connaissais que vous. Savez-vous que vous voilà devenu fièrement beau garçon?

— Vous trouvez, père Courtois?

— Eh bien! je vous rends la pareille, votre fille Charlotte, est par ma foi une belle fille; Charlotte est la femme de chambre de ma sœur, milord.

— Et elle en est bien heureuse, elle se trouve mieux qu'ici, monsieur Roland; est-ce vrai que vous êtes aide-de-camp du général Bonaparte?

— Hélas! Courtois, j'ai cet honneur. Tu aimerais mieux que je fusse aide-de-camp de M. le comte d'Artois ou de M. le duc d'Angoulême?

— Mais taisez-vous donc, monsieur Louis!

Puis s'approchant de l'oreille du jeune homme:

— Dites donc, fit-il, est-ce que c'est positif?

— Quoi, père Courtois?

— Que le général Bonaparte soit passé hier à Lyon ?

— Il paraît qu'il y a quelque chose de vrai dans cette nouvelle, car voilà deux fois que je l'entends répéter. Ah! je comprends maintenant ces braves gens qui me regardaient avec curiosité et qui avaient l'air de vouloir me faire des questions. Ils sont comme vous, père Courtois; ils désirent savoir à quoi s'en tenir sur cette arrivée du général Bonaparte.

—Vous ne savez pas ce qu'on dit encore, monsieur Louis?

— On dit donc encore autre chose, père Courtois ?

— Je crois bien qu'on dit encore autre chose, mais tout bas.

— Quoi donc ?

— On dit qu'il vient pour réclamer au Directoire le trône de Sa Majesté Louis XVIII pour le faire monter dessus, et que si le citoyen Gohier ne veut pas, en sa qualité de président, le lui rendre de bonne volonté, il le lui rendra de force.

— Ah bah ! fit le jeune officier avec un

air de doute qui allait jusqu'à la raillerie.

Mais le père Courtois insista par un signe de tête affirmatif.

— C'est possible, dit le jeune homme, mais quant à cela ce n'est pas la seconde nouvelle, c'est la première; et, maintenant que vous me connaissez, voulez-vous m'ouvrir?

— Vous ouvrir! je crois bien; que diable fais-je donc?

Et le geôlier ouvrit la porte avec autant

d'empressement qu'il avait paru d'abord y mettre de répugnance.

Le jeune homme entra ; sir John le suivit.

Le geôlier referma la grille avec soin et marcha le premier ; Roland le suivit, l'Anglais suivit Roland.

Il commençait à s'habituer au caractère fantasque de son jeune ami.

Le spleen, c'est la misanthropie moins les boutades de Timon et l'esprit d'Alceste.

Le geôlier traversa tout le préau séparé du palais de justice par une muraille de quinze pieds de hauteur, faisant vers son milieu retour en arrière de quelques pieds, sur la partie antérieure de laquelle on avait scellé, pour donner passage aux prisonniers sans que ceux-ci eussent besoin de tourner par la rue, une porte de chêne massif. Le geôlier, disons-nous, traversa tout le préau et gagna dans l'angle gauche de la cour un escalier tournant qui conduisait à l'intérieur de la prison.

Si nous insistons sur ces détails, c'est que nous aurons à revenir un jour sur ces localités, et que, par conséquent, nous désirons qu'arrivé à ce moment-là de notre récit, elles ne soient point complètement étrangères à nos lecteurs.

L'escalier conduisait d'abord à l'antichambre de la prison, c'est-à-dire à la chambre du concierge du présidial; puis, de cette chambre, par un escalier de dix marches, on descendait dans une première cour séparée de celle des prisonniers par une muraille dans le genre de celle que nous avons décrite, mais percée de trois portes; à l'extrémité de cette cour un couloir conduisait à la chambre du geôlier, laquelle donnait de plain-pied, à l'aide d'un second couloir, dans des cachots pittoresquement appelés cages.

Le geôlier s'arrêta à la première de ces cages, et, frappant sur la porte:

—C'est ici, dit-il; j'avais mis là madame

votre mère et mademoiselle votre sœur, afin que si les chères dames avaient besoin de moi ou de Charlotte, elles n'eussent qu'à frapper.

— Est-ce qu'il y a quelqu'un dans le cachot?

— Personne.

— Eh bien, faites-moi la grâce de m'en ouvrir la porte; voici mon ami, lord Tannlay, un Anglais philanthrope, qui voyage pour savoir si l'on est mieux dans les prisons de France que dans celles d'Angleterre. Entrez, lord, entrez.

Et le père Courtois ayant ouvert la porte,

Roland poussa sir John dans un cachot formant un carré parfait de dix à douze pieds sur toutes les faces.

— Oh! oh! fit sir John, l'endroit est lugubre.

— Vous trouvez? Eh bien, mon cher lord, voilà l'endroit où ma mère, la plus digne femme qu'il y ait au monde, et ma sœur, vous la connaissez, ont passé six semaines, avec la perspective de n'en sortir que pour aller faire un tour sur la place du Bastion ; remarquez bien qu'il y a cinq ans de cela, ma sœur en avait, par conséquent, douze à peine.

— Mais quel crime avait-elle donc commis?

— Oh! un crime énorme : dans la fête anniversaire que la ville de Bourg a cru devoir consacrer à la mort de l'Ami du peuple, ma mère a refusé de laisser faire à ma sœur une des vierges qui portaient les urnes contenant les larmes de la France. Que voulez-vous? pauvre femme, elle avait cru avoir assez fait pour la patrie en lui offrant le sang de son fils et de son mari qui coulait pour l'un, en Italie, pour l'autre, en Allemagne ; elle se trompait. La patrie, à ce qu'il paraît, réclamait encore les larmes de sa fille ; pour le coup, elle a trouvé que c'était trop, du moment surtout où ces larmes coulaient pour le citoyen Marat. Il en résulta que le soir même de la fête, au milieu de l'enthousiasme que cette fête avait excité, ma mère fut décrétée d'accusation : par bonheur Bourg n'était pas à la hauteur de Paris sous le rapport de la célérité. Un ami que nous avions au greffe fit traîner l'affaire, et un beau jour on apprit tout à la fois la chute et la mort de Robespierre. Cela interrompit beaucoup de choses, et entre autres les guillotinades ; notre ami du greffe fit comprendre au tribunal que le vent qui venait de Paris était à la clémence ; on attendit huit jours, on attendit quinze jours, et le seizième on vint dire à ma mère et à ma sœur qu'elles étaient libres, de sorte que, mon cher, vous comprenez, — et cela fait faire les plus hautes réflexions philosophiques, — de sorte que si mademoiselle Teresa Cabarus n'était pas venue d'Espagne en France, que si elle n'avait pas épousé

M. Fontenay, conseiller au parlement, que si elle n'avait pas été arrêtée et conduite devant le proconsul Tallien, fils du maître d'hôtel du marquis de Bercy, ex-clerc de procureur, ex-prote d'imprimerie, ex-commis expéditionnaire, ex-secrétaire de la Commune de Paris, pour le moment en mission à Bordeaux, que si l'ex-proconsul ne fût pas devenu amoureux d'elle, que si elle n'eût pas été emprisonnée, que si le 9 thermidor elle ne lui avait pas fait passer un poignard avec ces mots : « Si le tyran ne meurt pas aujourd'hui, je meurs demain ; » que si Saint-Just n'avait pas été arrêté au milieu de son discours, que si Robespierre n'avait pas eu ce jour-là un chat dans la gorge, que si Garnier de l'Aube ne lui avait pas crié : « C'est le sang de Danton qui t'étouffe ; » que si Louchez n'avait pas demandé son arrestation, que s'il n'avait pas été arrêté, délivré par la Commune, repris sur elle, eu la mâchoire cassée d'un coup de pistolet et exécuté le lendemain, — ma mère avait, selon toute probabilité, le cou coupé pour n'avoir pas permis que sa fille pleurât le citoyen Marat dans une des douze urnes que la ville de Bourg devait remplir de ses larmes. Adieu, Courtois, tu es un brave homme, tu as donné à ma mère et à ma sœur un peu d'eau pour mettre avec leur vin, un peu de viande pour mettre sur leur pain, un peu d'espérance à mettre sur leur cœur, tu leur as prêté ta fille pour qu'elles ne balayassent pas leur cachot elles-mêmes, cela vaudrait une fortune ; malheureusement je ne suis pas riche ; j'ai cinquante louis sur moi, les voilà. Venez, milord.

Et le jeune homme entraîna sir John avant que le geôlier fût revenu de sa surprise et eût le temps de remercier Roland ou de refuser les cinquante louis ; ce qui, il faut le dire, eût été une bien grande preuve de désintéressement pour un geôlier, surtout quand ce geôlier était d'une opinion contraire au gouvernement qu'il servait.

En sortant de la prison, Roland et sir John trouvèrent la place *des Lices* encombrée de gens qui avaient appris le retour du général Bonaparte en France, et qui criaient *vive Bonaparte !* à tue-tête, les uns parce qu'ils étaient effectivement les admirateurs du vainqueur d'Arcole, de Rivoli et des Pyramides, les autres parce qu'on leur avait dit comme au père Courtois : que ce même vainqueur n'avait vaincu qu'au profit de Sa Majesté Louis XVIII.

Cette fois, comme Roland et sir John avaient visité tout ce que la ville de Bourg offrait de curieux, ils reprirent le chemin du château des Noires-Fontaines où ils arrivèrent sans que rien les arrêtât davantage.

Madame de Montrevel et Amélie étaient sorties. Roland installa sir John dans un fauteuil en le priant d'attendre cinq minutes.

Au bout de cinq minutes il revint tenant à la main une espèce de brochure en papier gris assez mal imprimée.

— Mon cher hôte, dit-il, vous m'avez paru élever quelques doutes sur l'authenticité de la fête dont je vous parlais tout à l'heure, et qui a failli coûter la vie à ma mère et à ma sœur, je vous en apporte le programme : lisez-moi cela, et pendant ce temps j'irai voir ce qu'on a fait de mes chiens, car je présume que vous me tenez quitte de la journée de pêche et que nous passerons de suite à la chasse.

Et il sortit laissant entre les mains de sir John l'arrêté de la municipalité de la ville de Bourg, touchant la fête funèbre à célébrer en l'honneur de Marat, le jour anniversaire de sa mort.

VIII

Les plaisirs de la province.

Sir John achevait la lecture de cette pièce intéressante, lorsque madame de Montrevel et sa fille rentrèrent.

Amélie, qui ne savait point qu'il eût été si fort question d'elle, entre Roland et sir

John, fut étonnée de l'expression avec laquelle sir John fixa son regard sur elle.

Amélie lui semblait plus ravissante que jamais.

Il comprenait bien cette mère qui, au péril de sa vie, n'avait point voulu que cette charmante créature profanât sa jeunesse et sa beauté en servant de comparse à une fête dont cette fétide charogne, qui avait eu nom Marat, était le dieu.

Il se rappelait ce cachot froid et humide qu'il avait visité une heure auparavant, et il frissonnait à l'idée que cette blanche et délicate hermine, qu'il avait sous les yeux, y était restée six semaines enfermée sans air et sans soleil.

Il regardait ce cou un peu trop long peut-être, mais, comme celui du cygne, plein de mollesse et de grâce dans son exagération, et il se rappelait ce mot si mélancolique de la pauvre princesse de Lamballe, passant la main sur le sien : « Il ne donnera pas grand mal au bourreau! »

Les pensées qui se succédaient dans l'esprit de sir John, donnaient à sa physionomie une expression si différente de celle qu'elle avait habituellement, que madame de Montrevel ne put s'empêcher de lui demander ce qu'il avait.

Sir John alors raconta à madame de

Montrevel sa visite à la prison et le pieux pèlerinage de Roland au cachot qui avait enfermé sa mère et sa sœur.

Au moment où sir John terminait son récit, une fanfare de chasse sonnant le *bien-aller* se fit entendre et Roland entra le cor à la bouche.

Mais le détachant presque aussitôt de ses lèvres :

— Mon cher hôte, dit-il, remerciez ma mère : grâce à elle, nous ferons demain une chasse magnifique.

— Grâce à moi? demanda madame de Montrevel.

— Comment cela? demanda sir John.

— Je vous ai quitté pour aller voir ce que l'on avait fait de mes chiens, n'est-ce pas?

—Vous me l'avez dit, du moins.

— J'en avais deux, Barbichon et Ravaude, deux excellentes bêtes, le mâle et la femelle.

— Oh! fit sir John, seraient-elles mortes?

— Ah! bien oui; imaginez-vous que

cette excellente mère que voilà, et il prit madame de Montrevel par la tête et l'embrassa sur les deux joues, n'a pas voulu qu'on jetât à l'eau un seul des petits qu'ils ont faits, sous le prétexte que c'étaient les chiens de mes chiens ; de sorte, mon cher lord, que les enfants, les petits-enfants et les arrière-petits-enfants de Barbichon et Ravaude sont aussi nombreux aujourd'hui que les descendants d'Ismaël, et que ce n'est plus une paire de chiens que j'ai, mais toute une meute, vingt-cinq bêtes chassant du même pied, tout cela noir comme une bande de taupes, avec les pattes blanches, du feu aux yeux et au poitrail, et un régiment de queues en trompette qui vous fera plaisir à voir.

Et là-dessus Roland sonna une nouvelle

fanfare qui fit accourir son jeune frère.

— Oh! s'écria-t-il en entrant, tu vas demain à la chasse, frère Roland, j'y vais aussi, j'y vais aussi !

— Bon ! fit Roland, mais sais-tu à quelle chasse nous allons ?

— Non, mais je sais que j'y vais.

— Nous allons à la chasse au sanglier.

— Oh! quel bonheur! fit l'enfant en frappant ses deux petites mains l'une contre l'autre.

— Mais tu es fou ! dit madame de Montrevel en pâlissant.

— Pourquoi cela, madame maman, s'il vous plaît ?

— Parce que la chasse au sanglier est une chasse fort dangereuse.

— Pas si dangereuse que la chasse aux hommes ; tu vois bien que mon frère est revenu de celle-là, je reviendrai bien de l'autre.

— Roland, fit madame de Montrevel, tandis qu'Amélie, plongée dans une rêverie profonde, ne prenait aucune part à la discussion, Roland fais donc entendre raison à Édouard, et dis-lui donc qu'il n'a pas le sens commun.

Mais Roland, qui se revoyait enfant et qui se reconnaissait dans son jeune frère, au lieu de le blâmer, souriait à ce courage enfantin.

— Ce serait bien volontiers que je t'emmènerais, dit-il à l'enfant; mais, pour aller à la chasse, il faut au moins savoir ce que c'est qu'un fusil.

— Oh! monsieur Roland, fit Édouard, venez un peu dans le jardin, et mettez votre chapeau à cent pas, et je vous montrerai ce que c'est qu'un fusil.

— Malheureux enfant! s'écria madame de Montrevel toute tremblante, mais où l'as-tu appris?

— Tiens, chez l'armurier de Montagnac, où sont les fusils de papa et de frère Roland? Tu me demandes quelquefois ce que je fais de mon argent, n'est-ce pas? Eh bien, j'en achète de la poudre et des balles, et j'apprends à tuer les Autrichiens et les Arabes, comme fait mon frère Roland.

Madame de Montrevel leva les mains au ciel.

— Que voulez-vous, ma mère? dit Roland, bon chien chasse de race ; il ne se peut pas qu'un Montrevel ait peur de la poudre : tu viendras avec nous demain, Édouard.

L'enfant sauta au cou de son frère.

— Et moi, dit sir John, je me charge de vous armer aujourd'hui chasseur, comme on armait autrefois chevalier. J'ai une charmante petite carabine que je vous donnerai et qui vous fera prendre patience pour attendre vos pistolets et votre sabre.

— Eh bien! demanda Roland, es-tu content, Édouard?

— Oui, mais quand me la donnerez-vous? S'il faut écrire en Angleterre, je vous préviens que je n'y crois pas.

— Non, mon jeune ami, il ne faut que monter à ma chambre et ouvrir ma boîte à fusil; vous voyez que cela sera bientôt fait?

— Alors, montons-y tout de suite, à votre chambre.

— Venez, fit sir John.

Et il sortit suivi d'Édouard.

Un instant après, Amélie, toujours rêveuse, se leva et sortit à son tour.

Ni madame de Montrevel ni Roland ne firent attention à sa sortie, ils étaient engagés dans une grave discussion.

Madame de Montrevel tâchait d'obtenir de Roland qu'il n'emmenât point le lendemain son jeune frère à la chasse, et Roland lui expliquait comme quoi Édouard, destiné à être soldat comme son père et son frère, ne pouvait que gagner à faire le plus tôt possible ses premières armes et à se familiariser avec la poudre et le plomb.

La discussion n'était pas encore finie lorsque Édouard rentra avec sa carabine en bandoulière.

— Tiens, frère, dit-il en se tournant vers Roland, vois donc le beau cadeau que milord m'a fait, et il remerciait du regard sir John qui se tenait sur la porte, cherchant des yeux, mais inutilement, Amélie.

C'était en effet un magnifique cadeau : l'arme, exécutée avec cette sobriété d'ornements et cette simplicité de forme particulière aux armes anglaises, était du plus précieux fini ; comme les pistolets, dont Roland avait pu apprécier la justesse, elle sortait des ateliers de Menthon et portait une balle du calibre 24.

Elle avait dû être faite pour une femme :

c'était facile à voir, au peu de longueur de la crosse et au coussin de velours dont était garnie la couche; cette destination primitive en faisait une arme parfaitement appropriée à la taille d'un enfant de douze ans.

Roland enleva la carabine des épaules du petit Édouard, la regarda en amateur, en fit jouer les batteries, la mit en joue, la jeta d'une main dans l'autre, et la rendant à Édouard :

— Remercie encore une fois milord, dit-il, tu as là une carabine qui a été faite pour un fils de roi; allons l'essayer.

Et tous trois sortirent pour essayer la

carabine de sir John, laissant madame de Montrevel triste comme Thétis lorsqu'elle vit Achille, sous sa robe de femme, tirer du fourreau l'épée d'Ulysse.

Un quart d'heure après, Édouard rentrait triomphant; il rapportait à sa mère un carton de la grandeur d'un rond de chapeau, dans lequel, à cinquante pas, il avait mis dix balles sur douze.

Les deux hommes étaient restés à causer et à se promener dans le parc.

Madame de Montrevel écouta sur ses prouesses le récit légèrement gascon d'Édouard ; puis elle le regarda avec cette longue et sainte tristesse des mères pour lesquelles la gloire n'est pas une compensation du sang qu'elle fait répandre.

Oh! bien ingrat l'enfant qui a vu ce regard se fixer sur lui, et qui ne se rappelle pas éternellement ce regard.

Puis au bout de quelques secondes de cette contemplation douloureuse, serrant son second fils contre son cœur :

— Et toi aussi, murmura-t-elle en éclatant en sanglots, toi aussi, un jour tu abandonneras donc ta mère?

— Oui, ma mère, dit l'enfant, mais pour devenir général comme mon père, ou aide-de-camp comme mon frère.

— Et pour te faire tuer comme s'est fait tuer ton père, et comme se fera tuer ton frère, peut-être.

Car ce changement étrange qui s'était fait dans le caractère de Roland n'avait point échappé à madame de Montrevel, et c'était une inquiétude de plus à ajouter à ses autres inquiétudes.

Au nombre de ces dernières, il fallait ranger cette rêverie et cette pâleur d'A-mélie.

Amélie atteignait dix-sept ans ; sa jeunesse avait été celle d'une enfant rieuse, pleine de joie et de santé.

La mort de son père était venue jeter un voile noir sur sa jeunesse et sur sa gaîté ; mais ces orages du printemps passent vite : le sourire, ce beau soleil de l'aube de la vie, était revenu, et, comme celui de la nature, il avait brillé à travers cette rosée du cœur qu'on appelle les larmes.

Puis un jour, il y avait six mois de cela à peu près, le front d'Amélie s'était attristé, ses joues avaient pâli, et de même que les oiseaux voyageurs s'éloignent à l'approche des temps brumeux, les rires enfantins qui s'échappent des lèvres entr'ouvertes et des dents blanches, s'étaient envolés de la bouche d'Amélie, mais pour ne pas revenir.

Madame de Montrevel avait interrogé sa fille, mais Amélie avait prétendu être toujours la même; elle avait fait un effort pour sourire, puis, comme une pierre jetée dans un lac y crée des cercles mouvants qui s'effacent peu à peu, les cercles créés par les inquiétudes maternelles s'étaient peu à peu effacés du visage d'Amélie.

Avec cet instinct admirable de mère,

madame de Montrevel avait songé à l'amour ; mais qui pouvait aimer Amélie ? on ne recevait personne au château des Noires-Fontaines, les troubles politiques avaient détruit la société, et Amélie ne sortait jamais seule.

Madame de Montrevel avait donc été forcée d'en rester aux conjectures.

Le retour de Roland lui avait un instant rendu l'espoir, mais cet espoir avait bientôt disparu en voyant l'impression produite sur Amélie par ce retour.

Ce n'était point une sœur, c'était un

spectre, on se le rappelle, qui était venu au-devant de lui.

Depuis l'arrivée de son fils, madame de Montrevel n'avait pas perdu de vue Amélie, et, avec un étonnement douloureux, elle s'était aperçue de l'effet que causait la présence du jeune officier sur sa sœur; c'était presque de l'effroi : elle dont les yeux, lorsqu'ils se fixaient autrefois sur Roland, étaient si pleins d'amour, semblait ne le plus regarder qu'avec une certaine terreur.

Il n'y avait qu'un instant encore, Amélie n'avait-elle pas profité du premier moment de liberté qui s'était offert à elle pour remonter dans sa chambre, seul endroit du château où elle parût se trouver à peu près bien, et où elle passait depuis six mois la plus grande partie de son temps.

La cloche du dîner avait eu seule le pouvoir de la faire descendre, et encore n'était-ce qu'au second coup qu'elle était entrée dans la salle à manger.

La journée s'était passée pour Roland et pour sir John à visiter Bourg, comme nous l'avons dit, et à faire les préparatifs de la chasse du lendemain.

Du matin à midi, on devait faire une

battue; de midi au soir, on devait chasser à courre. Michel, braconnier enragé, retenu sur sa chaise, comme l'avait raconté le petit Édouard à son frère, par une entorse, s'était senti soulagé dès qu'il s'était agi de chasse, et s'était hissé sur un petit cheval qui servait à faire les courses de la maison, pour aller retenir des rabatteurs à Saint-Just et à Montagnac.

Lui qui ne pouvait ni rabattre ni courir, se tiendrait avec la meute, les chevaux de sir John et de Roland et le poney d'Édouard, au centre à peu près de la forêt, percée seulement d'une grande route et de deux sentiers praticables.

Les rabatteurs, qui ne pouvaient suivre

une chasse à courre, reviendraient au château avec le gibier tué.

Le lendemain, à six heures du matin, les rabatteurs étaient à la porte.

Michel ne devait partir avec les chiens et les chevaux qu'à onze heures.

Le château des Noires-Fontaines touchait à la forêt même de Seillon ; on pouvait donc se mettre en chasse immédiatement après la sortie de la grille.

Comme la battue promettait surtout des daims, des chevreuils et des lièvres, elle devait se faire à plomb. Roland donna à Édouard un fusil simple qui lui avait servi à lui-même quand il était enfant, et avec lequel il avait fait ses premières armes ; il n'avait point encore assez de confiance dans la prudence de l'enfant pour lui confier un fusil à deux coups.

Quant à la carabine que sir John lui avait donnée la veille, c'était un canon rayé qui ne pouvait porter que la balle. Elle avait donc été remise aux mains de Michel, et devait, dans le cas où on lancerait un sanglier, être remise à l'enfant pour la seconde partie de la chasse.

Pour cette seconde partie de la chasse,

Roland et sir John changeraient aussi de fusils et seraient armés de carabines à deux coups et de couteaux de chasse pointus comme des poignards, affilés comme des rasoirs, qui faisaient partie de l'arsenal de sir John, et qui pouvaient indifféremment se pendre au côté ou se visser au bout du canon, en guise de baïonnette.

Dès la première battue, il fut facile de voir que la chasse serait bonne : on tua un chevreuil et deux lièvres.

A midi, trois daims, sept chevreuils et deux renards avaient été tués; on avait vu deux sangliers, mais aux coups de gros plomb qu'ils avaient reçus, ils s'étaient contentés de répondre en secouant la peau et avaient disparu.

Édouard était au comble de la joie, il avait tué un chevreuil.

Comme il était convenu, les rabatteurs, bien récompensés de la fatigue qu'ils avaient prise, avaient été envoyés au château avec le gibier.

On sonna d'une espèce de cornet, pour savoir où était Michel; Michel répondit; en moins de dix minutes, les trois chasseurs furent réunis au jardinier, à la meute et aux chevaux.

Michel avait eu connaissance d'un ragot, il l'avait fait détourner par l'aîné de ses fils; il était dans une enceinte, à cent pas des chasseurs.

Jacques, c'était l'aîné des fils de Michel, foula l'enceinte avec sa tête de meute, Barbichon et Ravaude; au bout de cinq minutes, le sanglier tenait au bouge.

On eût pu le tuer tout de suite, ou du moins le tirer, mais la chasse eût été trop tôt finie; on lâcha toute la meute sur l'animal, qui, voyant ce troupeau de pygmées fondre sur lui, partit au petit trot.

Il traversa la route ; Roland sonna la

vue, et comme l'animal prenait son parti du côté de la chartreuse de Seillon, les trois cavaliers enfilèrent le sentier qui coupait le bois dans toute sa longueur.

L'animal se fit battre jusqu'à cinq heures du soir, revenant sur ses voies et ne pouvant pas se décider à quitter une forêt si bien fourrée.

Enfin, vers cinq heures, on comprit, à la violence et à l'intensité des abois, que l'animal tenait aux chiens.

C'était à une centaine de pas du pavillon dépendant de la chartreuse, à l'un des endroits les plus difficiles de la forêt. Il était impossible de pénétrer à cheval jusqu'à la bête. On mit pied à terre.

Les abois des chiens guidaient les chasseurs, de manière à ce qu'ils ne déviassent du chemin qu'autant que les difficultés du terrain les empêchaient de suivre la ligne droite.

De temps en temps des cris de douleur indiquaient qu'un des assaillants s'était hasardé à attaquer l'animal de trop près, et avait reçu le prix de sa témérité.

A vingt pas de l'endroit où se passait le

drame cynégétique, on commençait d'apercevoir les personnages qui en composaient l'action.

Le ragot s'était acculé à un rocher, de façon à ne pouvoir être attaqué par derrière; arc-bouté sur ses deux pattes de devant, il présentait aux chiens sa tête aux yeux sanglants, armée de deux énormes défenses.

Les chiens flottaient devant lui, autour de lui, sur lui-même, comme un tapis mouvant.

Cinq ou six, blessés plus ou moins grièvement, tachaient de sang le champ de bataille, mais n'en continuaient pas moins à assaillir le sanglier avec un acharnement qui eût pu servir d'exemple de courage aux hommes les plus courageux.

Chacun des chasseurs était arrivé en face de ce spectacle dans les conditions de son âge, de son caractère et de sa nation.

Édouard, le plus imprudent et en même temps le plus petit, éprouvant moins d'obstacle à cause de sa taille, y était arrivé le premier.

Roland, insoucieux du danger, quel

qu'il fût, le cherchant plutôt qu'il ne le fuyait, l'y avait suivi.

Enfin sir John, plus lent, plus grave, plus réfléchi, y était arrivé le troisième.

Au moment où le sanglier avait aperçu les chasseurs, il n'avait plus paru faire aucune attention aux chiens.

Ses yeux s'étaient arrêtés, fixes et sanglants, sur eux, et le seul mouvement qu'il indiquait était un mouvement de ses mâchoires, qui, en se rapprochant violemment l'une contre l'autre, faisaient un bruit menaçant.

Roland regarda un instant ce spectacle,

éprouvant évidemment le désir de se jeter, son couteau de chasse à la main, au milieu du groupe et d'égorger le sanglier, comme un boucher fait d'un veau, ou un charcutier d'un cochon ordinaire.

Ce mouvement était si visible que sir John le retint par un bras, tandis que le petit Édouard disait :

— Oh! mon frère, laisse-moi tirer le sanglier!

Roland se retint.

— Eh bien, oui, dit-il en posant son fusil contre un arbre et en restant armé seulement de son couteau de chasse, qu'il tira du fourreau, tire-le, attention !

— Oh ! sois tranquille, dit l'enfant les dents serrées, le visage pâle, mais résolu, et levant le canon de sa carabine à la hauteur de l'animal.

— S'il le manque ou ne fait que le blesser, dit sir John, vous savez que l'animal sera sur nous avant que nous n'ayons le temps de le voir.

— Je le sais, milord ; mais je suis habitué à cette chasse-là, répondit Roland, les narines dilatées, l'œil ardent, les lèvres entr'ouvertes. Feu, Édouard !

Le coup partit aussitôt le commandement ; mais aussitôt le coup, en même temps que le coup, avant peut-être, l'animal, rapide comme l'éclair, avait foncé sur l'enfant.

On entendit un second coup de fusil; puis, au milieu de la fumée, on vit briller les yeux sanglants de l'animal.

Mais sur son passage il rencontra Roland, un genou en terre et le couteau de chasse à la main.

Un instant un groupe confus et informe roula sur le sol, l'homme lié au sanglier, le sanglier lié à l'homme.

Puis un troisième coup de fusil se fit entendre, suivi d'un éclat de rire de Roland.

— Eh! milord, dit le jeune officier, c'est de la poudre et une balle perdues; ne voyez-vous pas que l'animal est éventré? seulement débarrassez-moi de son corps; le drôle pèse quatre cents et m'étouffe.

Mais avant que sir John ne se fût baissé, d'un vigoureux mouvement d'épaule, Roland avait fait rouler le cadavre de l'animal de côté, et se relevait couvert de sang, mais sans la moindre égratignure.

Le petit Édouard, soit défaut de temps,

soit courage, n'avait pas reculé d'un pas.
Il est vrai qu'il était complètement protégé
par le corps de son frère, qui s'était jeté
devant lui.

Sir John s'était jeté de côté pour avoir
l'animal en travers, et il regardait Roland
se secouant après ce second duel, avec le
même étonnement qu'il l'avait regardé
après le premier.

Les chiens, ceux qui restaient, et il en
restait une vingtaine, avaient suivi le sanglier et s'étaient jetés sur son cadavre,
essayant, mais inutilement, d'entamer cette
peau aux soies hérissées, presque aussi
impénétrable que le fer.

— Vous allez voir, dit Roland en essuyant ses mains et son visage, couverts de sang, avec un mouchoir de fine batiste, qu'ils vont le manger et votre couteau avec, milord.

— En effet, dit sir John, le couteau?

— Il est dans sa gaîne, dit Roland.

— Ah! fit l'enfant, il n'y a plus que le manche qui sorte.

Et s'élançant sur l'animal, il arracha le poignard, enfoncé en effet, comme l'avait dit l'enfant, au défaut de l'épaule, et jusqu'au manche.

La pointe aiguë, dirigée par un œil calme, maintenue par une main vigoureuse, avait pénétré droit au cœur.

On voyait sur le corps du sanglier trois autres blessures.

La première, qui était causée par la balle de l'enfant, était indiquée par un sillon sanglant tracé au-dessus de l'œil, la balle étant trop faible pour briser l'os frontal.

La seconde venait du premier coup de sir John; la balle avait pris l'animal en biais et avait glissé sur sa cuirasse.

La troisième, reçue à bout portant, lui traversait le corps, mais lui avait été faite, comme avait dit Roland, lorsqu'il était déjà mort.

IX

Les amusements de la province.

La chasse était finie, la nuit tombait; il s'agissait de regagner le château.

Les chevaux n'étaient qu'à cinquante pas à peu près ; on les entendait hennir d'impatience ; ils semblaient demander si l'on doutait de leur courage en ne les faisant point participer au drame qui venait de s'accomplir.

Édouard voulait absolument traîner le sanglier jusqu'à eux, le charger en croupe et le rapporter au château ; mais Roland lui fit observer qu'il était bien plus simple d'envoyer pour le chercher deux hommes avec un brancard. Ce fut aussi l'avis de sir John, et force fut à Édouard, — qui ne cessait de dire, en montrant la blessure de la tête : Voilà mon coup à moi ; je le visais là, — force fut, disons-nous, à Édouard de se rendre à l'avis de la majorité.

Les trois chasseurs regagnèrent la place

où étaient attachés les chevaux, se remirent en selle, et, en moins de dix minutes, furent arrivés au château des Noires-Fontaines.

Madame de Montrevel les attendait sur le perron ; il y avait déjà plus d'une heure que la pauvre mère était là, tremblant qu'il ne fût arrivé malheur à l'un ou à l'autre de ses fils.

Du plus loin qu'Édouard la vit, il mit son poney au galop, criant à travers la grille :

— Mère ! mère ! nous avons tué un sanglier gros comme le baudet ; moi, je le visais à la tête ; tu verras le trou de ma balle ; Roland lui a fourré son couteau de chasse dans le ventre jusqu'à la garde ; milord lui a tiré deux coups de fusil. Vite ! vite ! des hommes pour l'aller chercher. N'ayez pas peur en voyant Roland couvert de sang, mère, c'est le sang de l'animal ; mais Roland n'a pas une égratignure.

Tout cela se disait avec la volubilité habituelle à Édouard, tandis que madame de Montrevel franchissait l'espace qui se trouvait entre le perron et la route, et ouvrit la grille.

Elle voulut recevoir Édouard dans ses bras, mais celui-ci sauta à terre, et de terre se jeta à son cou.

Roland et sir John arrivaient en ce moment ; en ce moment aussi Amélie paraissait à son tour sur le perron.

Édouard laissa sa mère s'inquiéter auprès de Roland, qui, tout couvert de sang, était effrayant à voir, et courut à sa sœur lui redire le même récit qu'il avait fait à sa mère.

Amélie l'écouta d'une façon distraite qui sans doute blessa l'amour-propre d'Édouard, car celui-ci se précipita dans les cuisines pour raconter l'évènement à Michel par lequel il était bien sûr d'être écouté.

En effet, cela intéressait Michel au plus

haut degré ; seulement quand Édouard, lui ayant dit l'endroit où gisait le sanglier, lui intima, de la part de Roland, l'ordre de trouver des hommes pour aller chercher l'animal, il secoua la tête.

— Eh bien quoi! demanda Édouard, vas-tu refuser d'obéir à mon frère?

— Dieu m'en garde, monsieur Édouard, et Jacques va partir à l'instant même pour Montagnat.

— Tu as peur qu'il ne trouve personne?

— Bon! il trouvera dix hommes pour

un; mais c'est à cause de l'heure qu'il est, et de l'endroit de l'hallali. Vous dites que c'est près du pavillon de la Chartreuse?

— A vingt pas.

— J'aimerais mieux que c'en fût à une lieue, répondit Michel en se grattant la tête; mais n'importe, on va toujours les envoyer chercher sans leur dire ni pourquoi ni comment. Dame, une fois ici, ce sera à votre frère à les décider.

— C'est bien! c'est bien! qu'ils viennent, je les déciderai, moi.

— Oh! fit Michel, si je n'avais pas ma

diablesse d'entorse, j'irais moi-même ;
mais la journée d'aujourd'hui lui a fait
drôlement du bien. Jacques! Jacques!

Jacques arriva.

Édouard resta non-seulement jusqu'à
ce que l'ordre fût donné au jeune homme
de partir pour Montagnat, mais jusqu'à
ce qu'il fût parti.

Puis il remonta pour faire ce que faisaient sir John et Roland, c'est-à-dire
pour faire sa toilette.

Il ne fut, comme on le comprend bien,

question à table que des prouesses de la journée. Édouard ne demandait pas mieux que d'en parler, et sir John, émerveillé de ce courage, de cette adresse et de ce bonheur de Roland, renchérissait sur le récit de l'enfant.

Madame de Montrevel frémissait à chaque détail, et cependant elle se faisait redire chaque détail vingt fois.

Ce qui lui parut le plus clair à la fin de tout cela, c'est que Roland avait sauvé la vie d'Édouard.

— L'as-tu bien remercié, au moins? demanda-t-elle à l'enfant.

— Qui cela ?

— Le grand frère.

— Pourquoi donc le remercier! dit Édouard. Est-ce que je n'aurais pas fait comme lui ?

— Que voulez-vous, madame, dit sir John, vous êtes une gazelle qui, sans vous en douter, avez mis au jour une race de lions.

Amélie avait de son côté accordé une grande attention au récit, mais c'était surtout quand elle avait vu les chasseurs se rapprocher de la Chartreuse.

A partir de ce moment, elle avait écouté, l'œil inquiet, et n'avait paru respirer que lorsque les trois chasseurs, n'ayant après l'hallali aucun motif de poursuivre leur course dans le bois, étaient remontés à cheval.

A la fin du dîner, on vint annoncer que Jacques était de retour avec deux paysans de Montagnat; les paysans demandaient des renseignements précis sur l'endroit où les chasseurs avaient laissé l'animal.

Roland se leva pour aller les donner, mais madame de Montrevel, qui ne voyait jamais assez son fils, se tournant vers le messager :

— Faites entrer ces braves gens, dit-elle ; il est inutile que Roland se dérange pour cela.

Cinq minutes après, les deux paysans entrèrent roulant leurs chapeaux entre leurs doigts.

— Ça, mes enfants, dit Roland, il s'agit d'aller chercher dans la forêt de Seillon un sanglier que nous y avons tué.

— Ça peut se faire, répondit un des paysans. Et il consulta son compagnon du regard.

— Ça peut se faire tout de même, dit l'autre.

— Soyez tranquilles, continua Roland, vous ne perdrez pas votre peine.

— Oh ! nous sommes tranquilles, fit un des paysans ; on vous connaît, monsieur Montrevel.

— Oui, répondit l'autre, on sait que vous n'avez pas plus que votre père, le général, l'habitude de faire travailler les gens pour rien. Oh ! si tous les aristocrates avaient été comme vous, il n'y aurait pas eu de révolution, monsieur Louis.

— Mais, non, qu'il n'y en aurait pas eu, dit l'autre, qui semblait venu là pour être l'écho affirmatif de ce que disait son compagnon.

— Reste seulement à savoir où est l'animal, demanda le premier paysan.

— Oui, répéta le second, reste à savoir où il est.

— Oh! il ne sera pas difficile à trouver.

— Tant mieux, fit le paysan.

— Vous connaissez bien le pavillon de la forêt?

— Lequel?

— Oui, lequel?

— Le pavillon qui dépend de la Chartreuse de Seillon.

Les deux paysans se regardèrent.

— Eh bien, vous le trouverez à vingt pas de la façade qui regarde le bois de Genoud.

Les deux paysans se regardèrent encore.

— Hum! fit l'un.

— Hum ! répéta l'autre, fidèle écho de son compagnon.

— Eh bien quoi, hum ? demanda Roland.

— Dame.

— Voyons, expliquez-vous, qu'y a-t-il ?

— Il y a que nous aimerions mieux que ce fût à l'autre extrémité de la forêt.

— Comment à l'autre extrémité de la forêt ?

— Ça est un fait, dit le second paysan.

— Mais pourquoi à l'autre extrémité de la forêt? reprit Roland qui commençait à s'impatienter; il y a trois lieues d'ici à l'autre extrémité de la forêt; tandis que vous avez une lieue à peine d'ici à l'endroit où est le sanglier.

— Oui, dit le premier paysan, c'est que l'endroit où est le sanglier...

Et il s'arrêta en se grattant la tête.

— Justement, voilà ! dit le second.

— Voilà quoi ?

— C'est un peu trop près de la Chartreuse.

— Pas de la Chartreuse, du pavillon.

— C'est tout un ; vous savez bien, monsieur Louis, qu'on dit qu'il y a un passage souterrain qui va du pavillon à la Chartreuse.

— Oh! il y en a un, c'est sûr, dit le second paysan.

— Eh bien, fit Roland, qu'a de commun la Chartreuse, le pavillon, le passage souterrain avec notre sanglier.

— Cela a de commun que l'animal est dans un mauvais endroit ; voilà.

— Oh! oui, un mauvais endroit, répéta le second paysan.

— Ah çà, vous expliquerez-vous, drôles ? s'écria Roland qui commençait à se fâcher, tandis que sa mère s'inquiétait et qu'Amélie pâlissait visiblement.

— Pardon, monsieur Louis, dit le paysan, nous ne sommes pas des drôles ; nous sommes des gens craignant Dieu ; voilà tout.

— Eh! mille tonnerres! dit Roland, moi aussi je crains Dieu! Après?

— Ce qui fait que nous ne nous soucions pas d'avoir des démêlés avec le diable.

— Non, non, non, dit le second paysan.

— Avec son semblable, continua le premier paysan, un homme vaut un homme.

— Quelquefois même il en vaut deux, dit le second, bâti en Hercule.

— Mais avec des êtres surnaturels, des fantômes, des spectres, non, merci! continua le premier paysan.

— Merci! répéta le second.

— Ah çà, ma mère ; ah çà, ma sœur, demanda Roland s'adressant aux deux femmes, comprenez-vous, au nom du ciel ! quelque chose à ce que disent ces deux imbécilles ?

— Imbécilles ! fit le premier paysan, c'est possible ; mais il n'en est pas moins vrai que Pierre Marey, pour avoir voulu regarder par-dessus le mur de la Chartreuse, a eu le cou tordu ; il est vrai que c'était un samedi, jour de sabbat.

— Et qu'on n'a jamais pu le lui redresser ; affirma le second paysan, de sorte qu'on a été obligé de l'enterrer le visage à l'envers et regardant ce qui se passe derrière lui.

— Oh! oh! fit sir John, voilà qui devient intéressant ; j'aime fort les histoires de fantômes.

— Bon ! dit Édouard, ce n'est point comme ma sœur Amélie, milord, à ce qu'il paraît.

— Pourquoi cela ?

— Regarde donc, frère Roland, comme elle est pâle.

— En effet, dit sir John, mademoiselle semble prête à se trouver mal.

— Moi, pas du tout, fit Amélie ; seulement ne trouvez-vous pas qu'il fait un peu chaud ici, ma mère ?

Et Amélie essuya son front couvert de sueur.

— Non, dit madame de Montrevel.

— Cependant, insista Amélie, si je ne craignais pas de vous incommoder, ma mère, je vous demanderais la permission d'ouvrir une fenêtre.

— Fais, mon enfant.

Amélie se leva vivement pour mettre à

profit la permission reçue, et, tout en chancelant, alla ouvrir une fenêtre donnant sur le jardin.

La fenêtre ouverte, elle resta debout adossée à la barre d'appui, et à moitié cachée par les rideaux :

— Ah ! dit-elle, ici, au moins, on respire.

Sir John se leva pour lui offrir son flacon de sels ; mais vivement :

— Non, non, milord, dit Amélie, je vous remercie, cela va tout à fait mieux.

— Voyons, voyons, dit Roland impatienté ; il ne s'agit pas de cela, mais de notre sanglier.

— Eh bien, votre sanglier, monsieur Louis, on l'ira chercher demain.

— C'est ça, dit le second paysan, demain matin il fera jour.

— De sorte que pour y aller ce soir ?...

— Oh ! pour y aller ce soir...

Le paysan regarda son camarade, et tous deux en même temps secouant la tête :

— Pour y aller ce soir, ça ne se peut pas.

— Poltrons.

— Monsieur Louis, on n'est pas poltron pour avoir peur, dit le premier paysan.

— Que non, on n'est pas poltron pour ça, répondit le second.

— Ah! fit Roland, je voudrais bien qu'un plus fort que vous me soutînt cette thèse, que l'on n'est pas poltron pour avoir peur.

— Dame ! c'est selon la chose dont on a peur, monsieur Louis ; qu'on me donne une bonne serpe ou un bon gourdin, je n'ai pas peur d'un loup ; qu'on me donne un bon fusil, je n'ai pas peur d'un homme, quand bien même je saurais que cet homme m'attend pour m'assassiner.

— Oui, dit Édouard, mais d'un fantôme, fût-ce d'un fantôme de moine, tu as peur ?

— Mon petit monsieur Édouard, dit le paysan, laissez parler votre frère, M. Louis ; vous n'êtes pas encore assez grand pour plaisanter avec ces choses-là, non.

— Non, ajouta l'autre paysan ; attendez que vous ayez de la barbe au menton, mon petit monsieur.

— Je n'ai pas de barbe au menton, répondit Édouard en se redressant, mais cela n'empêche point que si j'étais assez fort pour porter le sanglier, je l'irais bien chercher tout seul, que ce fût le jour ou la nuit.

— Grand bien vous fasse, mon jeune monsieur ; mais voilà mon camarade et moi qui vous disons que pour un louis nous n'irions pas.

— Mais pour deux, dit Roland qui voulait les pousser à bout

— Ni pour deux, ni pour quatre, ni pour dix, monsieur de Montrevel; c'est bon, dix louis, mais qu'est-ce que je ferais de vos dix louis quand j'aurais le cou tordu?

— Oui, le cou tordu comme Pierre Marey, dit le second paysan.

— Ce n'est pas vos dix louis qui donneront du pain à ma femme et à mes enfants pour le restant de leurs jours, n'est-ce pas?

— Et encore, quand tu dis dix louis, reprit le second paysan, cela ne serait que cinq, puisqu'il y en aurait cinq pour moi.

— Alors, il revient des fantômes dans le pavillon ? demanda Roland.

— Je ne dis pas dans le pavillon ; dans le pavillon je n'en suis pas sûr, mais dans la Chartreuse...

— Dans la Chartreuse, tu en es sûr ?

— Oh ! oui ; là, bien certainement.

— Tu les as vus ?

— Pas moi ; mais il y a des gens qui les ont vus.

— Ton camarade ? demanda le jeune officier en se tournant vers le second paysan.

— Je ne les ai pas vus ; mais j'ai vu des flammes et Claude Philippon a entendu des chaînes.

— Ah ! il y a des flammes et des chaînes ? demanda Roland.

— Oui ! et quant aux flammes, dit le premier paysan, je les ai vues, moi.

— Et Claude Philippon a entendu les chaînes, répéta le premier.

— Très bien, mes amis, très bien, reprit Laurent d'un ton goguenard; donc, à aucun prix, nous n'irez ce soir?

— A aucun prix

— Pas pour tout l'or du monde.

— Et vous irez demain au jour?

— Oh! monsieur Louis, avant que vous ne soyez levé le sanglier sera ici.

— Il y sera que vous ne serez pas levé, répondit l'écho.

— Eh! bien, fit Roland, venez me revoir après-demain.

— Volontiers, monsieur Louis ; pourquoi faire ?

— Venez toujours.

— Oh! nous viendrons.

— C'est-à-dire que, du moment où vous nous dites *venez*, vous pouvez être sûr que nous n'y manquerons pas, monsieur Louis.

— Eh! bien, moi, je vous en donnerai des nouvelles; et des nouvelles sûres.

— De qui?

— Des fantômes.

Amélie jeta un cri étouffé ; madame de Montrevel seule entendit ce cri ; Louis prenait de la main congé des deux paysans, qui se cognaient à la porte où ils voulaient passer tous les deux en même temps.

Il ne fut plus question, pendant tout le reste de la soirée, ni de la Chartreuse, ni du pavillon, ni des hôtes surnaturels, spectres ou fantômes, qui les hantaient.

X

Les plaisirs de la province.

A dix heures sonnantes tout le monde était couché au château des Noires-Fontaines, ou tout au moins chacun était retiré dans sa chambre.

Deux ou trois fois, pendant la soirée,

Amélie s'était approchée de Roland comme si elle eût quelque chose à lui dire, mais toujours la parole avait expiré sur ses lèvres.

Quand on avait quitté le salon elle s'était appuyée à son bras, et, quoique la chambre de Roland fût située un étage au-dessus de la sienne, elle avait accompagné Roland jusqu'à la porte de sa chambre.

Roland l'avait embrassée, avait fermé sa porte en lui souhaitant une bonne nuit, et en se déclarant très fatigué.

Cependant, malgré cette déclaration,

Roland, rentré chez lui n'avait point procédé à sa toilette de nuit ; il était allé à son trophée d'armes, en avait tiré une magnifique paire de pistolets d'honneur, de la manufacture de Versailles, donnée à son père par la Convention, en avait fait jouer les chiens, et avait soufflé dans les canons pour voir s'ils n'étaient pas vieux chargés.

Les pistolets étaient en excellent état.

Après quoi il les avait posés côte à côte sur la table, était allé ouvrir doucement la porte de la chambre, regardant du côté de l'escalier pour voir si personne ne l'épiait, et, voyant que corridor et escalier étaient solitaires, il était allé frapper à la porte de sir John.

— Entrez, dit l'Anglais.

Sir John, lui non plus, n'avait pas encore commencé sa toilette de nuit.

— J'ai compris, à un signe que vous m'avez fait, que vous aviez quelque chose à me dire, fit sir John, et, vous le voyez, je vous attendais.

— Certainement que j'ai quelque chose à vous dire, dit Roland en s'étendant joyeusement dans un fauteuil.

— Mon cher hôte, répliqua l'Anglais, je commence à vous connaître, de sorte que, quand je vous vois si gai que cela, je suis comme vos paysans, j'ai peur.

— Vous avez entendu ce qu'ils ont dit ?

— C'est-à-dire qu'ils ont raconté une magnifique histoire de fantômes. J'ai un château en Angleterre, où il revient des fantômes.

— Vous les avez vus, milord ?

— Oui, quand j'étais petit ; par malheur, depuis que je suis grand, ils ont disparu.

— C'est comme cela les fantômes, dit gaiement Roland, ça va, ça vient; quelle chance, hein, que je sois revenu justement à l'heure où il y a des fantômes à la Chartreuse de Seillon!

— Oui, fit sir John, c'est bien heureux, seulement, êtes-vous sûr qu'il y en ait?

— Non, mais après-demain j'en serai sûr.

— Comment cela?

— Je compte y passer la nuit de demain.

— Oh! dit l'Anglais, voulez-vous, moi, que j'aille avec vous ?

— Ce serait avec plaisir, milord, mais par malheur la chose est impossible.

— Impossible, oh!

— C'est comme j'ai l'honneur de vous le dire, mon cher hôte.

— Impossible! pourquoi ?

— Connaissez-vous les mœurs des fantômes, milord? demanda gravement Roland.

— Non.

— Eh bien, je les connais, moi ; les fantômes ne se montrent que dans certaines conditions.

— Expliquez-moi cela.

— Ainsi, par exemple, tenez, milord, en Italie, en Espagne, pays des plus superstitieux, eh bien ! il n'y a pas de fantômes, ou, s'il y en a, dame ! dame ! c'est tous les dix ans, c'est tous les vingt ans, c'est tous les siècles.

— Et à quoi attribuez-vous cette absence de fantômes?

— Au défaut de brouillards, milord.

— Ah! ah!

— Sans doute, vous comprenez bien ; l'atmosphère des fantômes, c'est le brouillard; en Écosse, en Danemark, en Angleterre, pays de brouillards, on regorge de fantômes, on a le spectre du père d'Hamlet, le spectre de Banquo, les ombres des victimes de Richard III ; en Italie, vous n'avez qu'un spectre, celui de César ; et encore où apparaît-il à Brutus? à Philippes en Macédoine, en Thrace, c'est-à-dire dans le Danemark de la Grèce, dans l'Écosse de l'Orient, où le brouillard a trouvé moyen de rendre Ovide mélancolique à ce point qu'il a intitulé *Tristes* les vers qu'il y a faits. Pourquoi Virgile fait-il apparaître l'ombre d'Anchise à Énée? parce que Virgile est de Mantoue. Connaissez-vous Mantoue? un pays de marais, une vraie grenouillière, une fabrique de rhumatismes, une atmosphère de vapeurs, par conséquent un nid de fantômes.

— Allez toujours, je vous écoute.

— Vous avez vu les bords du Rhin ?

— Oui.

— L'Allemagne, n'est-ce pas ?

— Oui.

— Encore un pays de fées, d'ondines, de sylphes, et par conséquent de fantômes (qui peut le plus, peut le moins), tout cela à cause du brouillard toujours ; mais en Italie, en Espagne, où diable voulez-vous que les fantômes se réfugient ? pas la plus petite vapeur ; aussi, si j'étais en Espagne ou en Italie, je ne tenterais même pas l'aventure de demain.

— Tout cela ne me dit point pourquoi vous refusez ma compagnie, insista sir John.

— Attendez donc ; je vous ai déjà expliqué comment les fantômes ne se hasardent pas dans certains pays, parce qu'ils n'y trouvent pas certaines conditions atmosphériques, laissez-moi vous expliquer les chances qu'il faut se ménager quand on désire en voir.

— Expliquez ! expliquez ! dit sir John ; en vérité, vous êtes l'homme que j'aime le mieux entendre parler, Roland.

Et sir John s'étendit à son tour dans un fauteuil, s'apprêtant à écouter avec délices les improvisations de cet esprit fantasque qu'il avait déjà vu sous tant de faces depuis cinq ou six jours à peine qu'il le connaissait.

Roland s'inclina en signe de remercîment.

— Eh bien! voilà donc l'affaire, et vous allez comprendre cela, milord; j'ai tant entendu parler fantômes dans ma vie, que je connais ces gaillards-là, comme si je les avais faits. Pourquoi les fantômes se montrent-ils?

— Vous me demandez cela? fit sir John.

— Oui, je vous le demande.

— Je vous avoue que n'ayant pas étudié

les fantômes comme vous, je ne saurais vous faire une réponse positive.

— Vous voyez bien ! Les fantômes se montrent, mon cher lord, pour faire peur à celui auquel ils apparaissent.

— C'est incontestable.

— Parbleu ! s'ils ne font pas peur à celui à qui ils apparaissent, c'est celui à qui ils apparaissent qui leur fait peur : témoin M. de Turenne, dont les fantômes se sont trouvés être des faux-monnayeurs. Connaissez-vous cette histoire-là ?

— Non.

— Je vous la raconterai un autre jour, ne nous embrouillons pas. Voilà pourquoi, lorsqu'ils se décident à apparaître, ce qui est rare, voilà pourquoi les fantômes choisissent les nuits orageuses, où il fait des éclairs, du tonnerre, du vent : c'est leur mise en scène.

— Je suis forcé d'avouer que tout cela est on ne peut pas plus juste.

— Attendez ! il y a certaines secondes où l'homme le plus brave sent un frisson courir dans ses veines ; du temps où je n'avais pas un anévrisme, cela m'est arrivé dix fois, quand je voyais briller sur ma tête l'éclair des sabres et gronder à mes oreilles le tonnerre des canons. Il est vrai que, depuis que j'ai un anévrisme, je cours où l'éclair brille, où le tonnerre gronde ; mais j'ai une chance, c'est que les fantômes ne sachent pas cela, c'est que les fantômes croient que je puis avoir peur.

— Tandis que c'est impossible, n'est-ce pas ! demanda sir John.

— Que voulez-vous, quand au lieu d'avoir peur de la mort, on croit, à tort ou à raison, avoir un motif de chercher la mort, je ne sais pas de quoi l'on aurait peur ; mais, je vous le répète, il est possible que les fantômes, qui savent beaucoup de choses cependant, ne sachent point cela. Seulement, ils savent ceci, c'est que le sentiment de la peur s'augmente ou diminue par la vue et par l'audition des objets extérieurs. Ainsi, par exemple, où les fantômes apparaissent-ils de préférence? dans les lieux obscurs, dans les cimetières, dans les vieux cloîtres, dans les ruines, dans les souterrains, parce que déjà l'aspect des localités a disposé l'âme à la peur. Après quoi apparaissent-ils? après des bruits de chaînes, des gémissements, des soupirs, parce que tout cela n'a rien de bien récréatif; ils n'ont garde de venir au milieu d'une grande lumière ou après un air de contredanse; non, la peur est un abîme où l'on descend marche à marche, jusqu'à ce que le vertige vous prenne, jusqu'à ce que le pied vous glisse, jusqu'à ce que vous tombiez les yeux fermés jusqu'au fond du précipice. Ainsi, lisez le récit de toutes les apparitions, voici comment les fantômes procèdent : d'abord le ciel s'obscurcit, le tonnerre gronde, le vent siffle, les fenêtres et les portes crient, la lampe, s'il y a une lampe dans la chambre de celui à qui ils tiennent à faire peur, la lampe pétille, pâlit et s'éteint, obscurité complète ; alors, dans l'obscurité, on entend des plaintes, des gémissements, des bruits de chaînes, enfin la porte s'ouvre et le fantôme apparaît. Je dois dire que toutes les apparitions que j'ai, non pas vues, mais lues, se sont produites dans des circonstances pareilles. Voyons, est-ce bien cela, sir John !

— Parfaitement.

— Et avez-vous jamais vu qu'un fantôme ait apparu à deux personnes à la fois ?

— C'est tout simple, mon cher lord ; à deux, vous comprenez, on n'a pas peur ; la peur, c'est une chose mystérieuse, étrange, indépendante de la volonté, pour laquelle il faut l'isolement, les ténèbres, la solitude. Un fantôme n'est pas plus dangereux qu'un boulet de canon. Eh bien ! est-ce qu'un soldat a peur d'un boulet de canon, le jour, quand il est en compagnie de ses camarades, quand il sent les coudes à gauche ? Non, il va droit à la pièce, il est tué ou tue, c'est ce que ne veulent pas les fantômes, c'est ce qui fait qu'ils n'apparaissent pas à deux personnes à la fois ; c'est ce qui fait que je veux aller seul à la

Chartreuse, milord ; votre présence empêcherait le fantôme le plus résolu de paraître. Si je n'ai rien vu ou si j'ai vu quelque chose qui en vaille la peine, eh bien, ce sera votre tour après-demain, le marché vous convient-il ?

— A merveille ! mais pourquoi n'irais-je pas le premier ?

— Ah ! d'abord, parce que l'idée ne vous en est pas venue et que c'est bien le moins que j'aie le bénéfice de mon idée ; ensuite parce que je suis du pays, que j'étais lié avec tous ces bons moines de leur vivant, et qu'il y a, dans cette liaison, une chance de plus qu'ils m'apparaissent après leur mort ; enfin parce que, connaissant les localités, s'il faut fuir ou poursuivre, je me tirerai mieux que vous de l'agression ou de la retraite. Tout cela vous paraît-il juste, mon cher lord ?

— On ne peut plus juste, oui, mais moi j'irai le lendemain.

— Le lendemain, le surlendemain, tous les jours, toutes les nuits si vous voulez ; ce à quoi je tiens, c'est à la primeur. Maintenant, continua Roland en se levant, c'est entre vous et moi, n'est-ce pas? Pas un mot à qui que ce soit au monde, les fantômes pourraient être prévenus et agir en conséquence. Il ne faut pas nous faire rouler par ces gaillards-là, ce serait trop grotesque.

— Soyez tranquille. Vous prendrez des armes, n'est-ce pas ?

— Si je croyais n'avoir affaire qu'à des fantômes, j'irais les deux mains dans les poches, et rien dans les goussets ; mais, comme je vous le disais tout à l'heure, je me rappelle les faux-monnayeurs de M. de Turenne, et je prendrai des pistolets.

— Voulez-vous les miens ?

— Non, merci ; ceux-là, quoiqu'ils soient bons, j'ai à peu près résolu de ne m'en servir jamais.

Puis, avec un sourire dont il serait impossible de rendre l'amertume :

— Ils me portent malheur, ajouta Roland. Bonne nuit, milord ! Il faut que je dorme les poings fermés, cette nuit, pour ne pas avoir envie de dormir demain.

Et, après avoir secoué énergiquement la main de l'Anglais, il sortit de sa chambre et rentra dans la sienne.

Seulement, en rentrant dans la sienne, une chose le frappa : c'est qu'il retrouvait ouverte sa porte qu'il était sûr d'avoir laissée fermée.

Mais il fut à peine entré que la vue de sa sœur lui expliqua ce changement.

— Tiens ! fit-il moitié étonné, moitié inquiet, c'est toi, Amélie !

— Oui, c'est moi, dit la jeune fille.

Puis, s'approchant de son frère et lui donnant son front à baiser :

— Tu n'iras pas, dit-elle d'un ton suppliant, n'est-ce pas, mon ami ?

— Où cela ? demanda Roland

— A la Chartreuse.

— Bon ! Et qui t'a dit que j'y allais ?

— Oh ! lorsque l'on te connaît, comme c'est difficile à le deviner !

— Et pourquoi veux-tu que je n'aille pas à la Chartreuse ?

— Je crains qu'il ne t'arrive un malheur.

— Ah çà, tu crois donc aux fantômes, toi ? dit Roland en fixant son regard sur celui d'Amélie.

Amélie baissa les yeux, et Roland sentit la main de sa sœur, qu'il avait fixée sur son bras, tremblante dans la sienne.

— Voyons, dit Roland, Amélie, celle qu'autrefois j'ai connue du moins, la fille du général de Montrevel, la sœur de Roland, est trop intelligente pour subir les terreurs vulgaires; il est impossible que tu croies à ces contes d'apparitions de chaînes, de flammes, de spectres, de fantômes.

— Si j'y croyais, mon ami, mes craintes seraient moins grandes; si les fantômes existent, ce sont des âmes dépouillées de leurs corps, et par conséquent qui ne peuvent sortir du tombeau avec les haines de la matière; or, pourquoi un fantôme te haïrait-il, toi, Roland, qui n'as jamais fait de mal à personne?

— Bon! tu oublies ceux que j'ai tués à l'armée ou en duel.

Amélie secoua la tête.

— Je ne crains pas ceux-là.

— Que crains-tu donc alors ?

La jeune fille leva sur Roland ses beaux yeux tout mouillés de larmes, et, se jetant dans les bras de son frère :

— Je ne sais, dit-elle, Roland ; mais, que veux-tu, je crains !

Le jeune homme, par une légère violence, releva la tête qu'Amélie cachait dans sa poitrine, et, baissant doucement et tendrement ses longues paupières :

— Tu ne crois pas que ce soient des fantômes que j'aurai demain à combattre, n'est-ce pas ? demanda-t-il.

— Mon frère, ne va pas à la Chartreuse,

insista Amélie d'un ton suppliant, en éludant la question.

— C'est notre mère qui t'a chargée de me demander cela : avoue-le, Amélie.

— Oh! mon frère, non, ma mère ne m'en a pas dit un mot; c'est moi qui ai deviné que tu voulais y aller.

— Eh bien, si je voulais y aller, Amélie, dit Roland d'un ton ferme, tu dois savoir une chose, c'est que j'irais.

— Même si je t'en prie à mains jointes, mon frère? dit Amélie avec un accent presque douloureux ; même si je t'en prie à genoux?

Et elle se laissa glisser aux pieds de son frère.

— Oh! femmes! femmes! murmura Roland, inexplicables créatures dont les paroles sont un mystère, dont la bouche ne dit jamais les secrets du cœur, qui pleurent, qui prient, qui tremblent, pourquoi? Dieu le sait! mais nous autres hommes, jamais! J'irai, Amélie, parce que j'ai résolu d'y aller, et que, quand j'ai pris une fois une résolution, nulle puissance au monde n'a le pouvoir de m'en faire changer. Maintenant embrasse-moi, et ne crains rien, et je te dirai tout bas un grand secret.

Amélie releva la tête, fixant sur Roland un regard à la fois interrogateur et désespéré.

— J'ai reconnu depuis plus d'un an, répondit le jeune homme, que j'ai le malheur de ne pouvoir mourir; rassure-toi douc et sois tranquille.

Roland prononça ces paroles d'un ton si douloureux qu'Amélie, qui jusque-là était parvenue à retenir ses larmes, rentra chez elle en éclatant en sanglots.

Le jeune officier, après s'être assuré que sa sœur avait refermé sa porte, referma la sienne en murmurant :

— Nous verrons bien qui se lassera enfin de moi ou de la destinée.

FIN DE LA DEUXIÈME PARTIE.

FIN DU DEUXIÈME VOLUME.

TABLE DES CHAPITRES.

DEUXIÈME PARTIE.

	Pages
Chapitre I. Morgan	3
— II. La Chartreuse de Seillon	35
— III. A quoi servait l'argent du Directoire	65
— IV. Roméo et Juliette	85
— V. La famille de Roland	103
— VI. Le château des Noires-Fontaines	127
— VII. Les plaisirs de la province	161
— VIII. Les plaisirs de la province	199
— IX. Les amusements de la province	241
— X. Les plaisirs de la province	275

FIN DE LA TABLE.

Fontainebleau, imprimerie de E. Jacquin.

Fontainebleau, imp. de E. Jacquin.

JEANNE DE LA TREMBLAYE

Par Xavier de Montépin, 3 vol.

Cet ouvrage est terminé et complète la série publiée par M. de Potter sous les titres de :

La Reine de Saba, — *l'Épée du Commandeur*, — *Mademoiselle Lucifer*, — *les Amours de Vénus et le Château des Fantômes*.

L'ÉTÉ DE LA SAINT-MARTIN

Par Alfred de Gondrecourt.

2 vol. (ouvrage complet et inédit).

www.ingramcontent.com/pod-product-compliance
Lightning Source LLC
Chambersburg PA
CBHW060410170426
43199CB00013B/2087